AF549615

Der Friedhof der vergessenen Bücher ist der geheimnisvolle Ort, um den das gesamte Erzähluniversum von Carlos Ruiz Zafón kreist: Eine tief unter Barcelona verborgene Bibliothek, in der die Bücher darauf warten, ihre Seele an ihre Leserinnen weiterzugeben.
Zafóns letztes Projekt war es, diesen Ort in Erzählungen weiterwachsen zu lassen. Es entstand ein Geheimfach von Geschichten, das hier zum ersten Mal vollständig geöffnet wird. Es war sein großer Wunsch, diese Texte in einem Buch zu sammeln. Nun wurde es zum letzten Geschenk an seine Leser und Leserinnen, zur letzten Reise in die magische Erzählwelt von Carlos Ruiz Zafón.

Carlos Ruiz Zafón wurde 1964 geboren in Barcelona und starb 2020 mit nur 55 Jahren in Los Angeles. Seine ersten Erfolge feierte er mit drei Schauerromanen, auf die der Roman »Marina« folgte, der wochenlang auf der SPIEGEL-Bestsellerliste stand. Die Krönung seines Werkes bilden die bewunderten Romane um den Friedhof der vergessenen Bücher, die Millionen Leser auf der ganzen Welt fanden: »Der Schatten des Windes«, »Das Spiel des Engels«, »Der Gefangene des Himmels« und »Das Labyrinth der Lichter«.

Weitere Informationen finden Sie auf *www.fischerverlage.de*

CARLOS RUIZ ZAFÓN

Der Friedhof der vergessenen Bücher

Erzählungen

Aus dem Spanischen von
Lisa Grüneisen und Peter Schwaar

FISCHER Taschenbuch

Aus Verantwortung für die Umwelt hat sich der S. Fischer Verlag zu einer nachhaltigen Buchproduktion verpflichtet. Der bewusste Umgang mit unseren Ressourcen, der Schutz unseres Klimas und der Natur gehören zu unseren obersten Unternehmenszielen
Gemeinsam mit unseren Partnern und Lieferanten setzen wir uns für eine klimaneutrale Buchproduktion ein, die den Erwerb von Klimazertifikaten zur Kompensation des CO_2-Ausstoßes einschließt.
Weitere Informationen finden Sie unter: *www.klimaneutralerverlag.de*

Dieses Buch ist ein Werk der Fiktion. Wie schon bei den vier Romanen rund um den Friedhof der vergessenen Bücher – einer Saga, mit der diese Erzählungen eine gewisse Verwandtschaft pflegen –, ist es häufig von Barcelona inspiriert, auch wenn sich der Autor die Freiheit genommen hat, die Physiognomie oder die chronologische Abfolge bestimmter Szenarien und Gegebenheiten zu verändern, um sie der erzählerischen Logik anzupassen.

Erschienen bei FISCHER Taschenbuch
Frankfurt am Main, Dezember 2022

Die Originalausgabe erschien 2020 unter dem Titel »La Ciudad de Vapor« bei Planeta S. A., Barcelona.

Die Fotografien stammen von Martí Gasull i Coral (Barcelona 1919–1994), der in der großen Tradition barcelonesischer Nachkriegsfotografen steht. Sein Werk wurde in jüngster Zeit neu entdeckt.

Satz: Pinkuin Satz und Datentechnik, Berlin
Druck und Bindung: GGP Media GmbH, Pößneck
Printed in Germany
ISBN 978-3-596-70615-0

Kurz darauf verlieren sich Vater und Sohn,
Dunstgestalten, im Gedränge auf den Ramblas,
ihre Schatten gehen für immer
unter im Schatten des Windes.

INHALT

* übersetzt von Lisa Grüneisen

☾ übersetzt von Peter Schwaar

BLANCA UND DER ABSCHIED

(Aus den niemals stattgefundenen Erinnerungen eines gewissen David Martín)

1

Ich habe schon immer die Fähigkeit mancher Menschen zum Vergessen beneidet, für die die Vergangenheit wie Winterkleidung oder ein Paar alter Schuhe ist – man muss sie nur ganz hinten in den Kleiderschrank verbannen, damit sie nicht auf leisen Sohlen zurückkommen können. Ich hingegen hatte das Pech, mich an alles und jedes zu erinnern und umgekehrt jedem in Erinnerung zu bleiben. Ich erinnere mich an eine frühe Kindheit voller Kälte und Einsamkeit, untätige Stunden, in denen ich das Grau der Tage betrachtete und jenen schwarzen Spiegel, der den Blick meines Vaters verhexte. An Freunde erinnere ich mich kaum. Ich kann die Gesichter anderer Kinder aus dem Ribera-Viertel heraufbeschwören, mit denen ich manchmal auf der Straße spielte oder mich prügelte, aber es ist keines darunter, das ich aus dem Land der Gleichgültigkeit zurückholen wollte. Keines außer jenem von Blanca.

Blanca war vielleicht ein, zwei Jahre älter als ich. Ich lernte sie an einem Apriltag vor dem Hauseingang kennen, als sie an der Hand eines Dienstmädchens vorbeikam, das ein paar Bücher in dem kleinen Antiquariat gegenüber der im Bau befindlichen Konzerthalle abholen sollte. Der Zufall wollte es, dass die Buchhandlung an jenem Tag erst um zwölf öffnete, das Dienstmädchen aber bereits eine halbe Stunde früher da war. So blieb ein Meer des Wartens von dreißig Minuten, die, ohne dass ich es ahnte, mein Schicksal besiegeln sollten. Von mir aus hätte ich es niemals gewagt, das Wort an sie zu richten. Ihre Kleidung, ihr Duft und ihre vornehme Erscheinung eines reichen Mädchens, das in Seidentüll förmlich versank, ließen keinen Zweifel daran, dass dieses Geschöpf nicht in meine Welt gehörte und ich noch viel weniger in die ihre. Zwischen uns lagen nur ein paar Schritte, aber eine himmelweite Kluft unsichtbarer Gesetze. Ich beschränkte mich darauf, sie anzusehen, wie man heißbegehrte Dinge in einer Vitrine oder dem Schaufenster eines dieser Geschäfte bestaunt, deren Eingangstüren scheinbar einladend offen stehen, während man doch weiß, dass man niemals ihre Schwelle überschreiten wird. Ich habe oft gedacht, dass ich Blanca niemals aufgefallen wäre, hätte mein Vater nicht solchen Wert auf ein gepflegtes Erscheinungsbild gelegt. Mein Vater war der Ansicht, dass er im Bürgerkrieg genug Schmutz und Elend für neun Leben gesehen habe, und obwohl wir arm waren wie Bibliotheksmäuse, hatte er mir von klein auf beigebracht, mich an das eiskalte Wasser zu gewöhnen, das auf Wunsch aus dem Hahn des Waschbeckens sprudelte, und an diese Seifenklötze, die nach Lauge rochen und sogar das schlechte Gewissen abwuschen. Und so kam es, dass ein gewisser David Martín mit seinen knapp acht Jahren, ein pieksauberer Habenichts und zukünftiger Aspirant auf ein Dasein als drittklassiger Literat, die Selbstsicherheit besaß, nicht wegzusehen, als dieses hübsche Mädchen aus gutem Hause seinen Blick auf ihn richtete und schüchtern lächelte. Mein Vater hatte mir immer gesagt, dass man es den Leuten im Leben mit gleicher Münze zurückzahlen müsse. Er meinte damit Ohrfeigen und andere Demütigungen, doch nun beschloss ich, seinen Ratschlägen zu folgen, indem ich das Lächeln erwiderte und noch ein leichtes Nicken als Trinkgeld drauflegte. Sie kam langsam auf mich zu, musterte mich von oben bis unten, bot mir ihre Hand – eine Geste, die mir noch nie begegnet war – und sagte:

»Ich heiße Blanca.«

Blanca hielt mir die Hand hin wie die feinen Damen in Salonkomödien: den Handrücken mit der Nachlässigkeit einer jungen Pariserin nach oben gekehrt. Ich kam nicht auf die Idee, dass es nun angezeigt gewesen wäre, mich vorzubeugen und sie mit den Lippen zu streifen. Nach einer Weile zog Blanca die Hand zurück und hob eine Augenbraue.

»Ich bin David.«

»Bist du immer so unhöflich?«

Ich arbeitete an einem rhetorischen Ausweg, um den Eindruck des ungebildeten Tölpels durch eine geistreiche Erwiderung wettzumachen, als das Dienstmädchen mit konsternierter Miene näher kam und mich musterte wie einen tollwütigen Straßenköter.

»Mit wem reden Sie da, Fräulein Blanca? Sie wissen doch, dass es Ihrem Vater nicht gefällt, wenn Sie mit Fremden sprechen.«

»Er ist kein Fremder, Antonia. Das ist mein Freund David. Mein Vater kennt ihn.«

Ich stand wie versteinert da, während das Dienstmädchen mich schief ansah.

»David wie?«

»David Martín, zu Ihren Diensten.«

»Antonia braucht niemanden, der ihr dient. Sie dient uns. Stimmt's, Antonia?«

Es war nur ein Augenblick, eine kleine, fast unmerkliche Regung, die mir nur deshalb auffiel, weil ich sie aufmerksam beobachtete. Antonia warf Blanca einen düsteren, von Hass vergifteten Blick zu, der mir das Blut in den Adern gefrieren ließ, bevor sie ihn hinter einem ergebenen Lächeln verbarg und die Sache mit einem Kopfschütteln abtat.

»Kinder«, murmelte sie und trat den Rückzug zur Buchhandlung an, die in diesem Moment ihre Pforten öffnete.

Blanca machte Anstalten, auf der Türschwelle Platz zu nehmen. Selbst ein Tölpel wie ich wusste, dass ihr Kleid keinesfalls mit den unwürdigen, verrußten Materialien in Kontakt kommen durfte, aus denen mein Zuhause gebaut war. Ich streifte meine flickenbesetzte Jacke ab und breitete sie wie eine Fußmatte auf dem Boden aus. Blanca ließ sich mit einem Seufzen auf meinem besten Kleidungsstück nieder und blickte auf die Straße und die vorbeieilenden Passanten. Antonia sah vom Eingang der Buchhandlung zu uns herüber und ließ uns nicht aus den Augen. Ich tat so, als würde ich es nicht bemerken.

»Wohnst du hier?«, erkundigte sich Blanca.

Ich deutete auf das Nachbarhaus und nickte.

»Und du?«

Blanca sah mich an, als wäre das die dämlichste Frage, die sie in ihrem kurzen Leben gehört hatte.

»Natürlich nicht.«

»Magst du das Viertel nicht?«

»Es stinkt, es ist düster und kalt, und die Leute sind hässlich und laut.«

Es wäre mir nie eingefallen, die Straßen, die meine Welt waren, so zu beschreiben, aber mir wollten auch keine überzeugenden Gegenargumente einfallen.

»Warum kommst du dann her?«

»Mein Vater hat ein Haus in der Nähe des Borne-Marktes. Antonia und ich gehen ihn fast jeden Tag besuchen.«

»Und wo wohnst du?«

»In Sarriá. Bei meiner Mutter.«

Selbst ein armer Schlucker wie ich hatte schon einmal von diesem Ort gehört, aber ich war noch nie dort gewesen. In meiner Vorstellung war es eine Stadt mit großen Villen und Lindenalleen, prächtigen Kutschen und üppigen Gärten. Eine Welt, bewohnt von Menschen wie diesem Mädchen, nur als Erwachsene. Ein duftender, heller Ort mit frischer Luft und gutgekleideten, zurückhaltenden Bewohnern.

»Und wie kommt es, dass dein Vater hier lebt und nicht bei euch?«

Blanca zuckte mit den Schultern und sah weg. Das Thema schien ihr unangenehm zu sein, also hakte ich lieber nicht nach.

»Es ist nur vorübergehend«, schob sie hinterher. »Bald kommt er wieder nach Hause.«

»Klar«, sagte ich. Ich wusste nicht genau, wovon wir eigentlich redeten, schlug aber den mitfühlenden Ton eines Menschen an, der schon unglücklich zur Welt gekommen war und allen Grund hatte, sich mit Resignation auszukennen.

»Das Ribera-Viertel ist gar nicht so verkehrt, du wirst sehen. Du gewöhnst dich schon daran.«

»Ich will mich aber nicht daran gewöhnen. Ich mag dieses Viertel nicht und auch nicht das Haus, das mein Vater gekauft hat. Ich habe keine Freunde hier.«

Ich schluckte.

»Ich kann dein Freund sein, wenn du willst.«

»Und wer bist du?«

»David Martín.«

»Das hast du vorhin schon gesagt.«

»Vermutlich bin ich jemand, der auch keine Freunde hat.«

Blanca drehte sich um und sah mich mit einer Mischung aus Neugier und Zurückhaltung an.

»Ich spiele nicht gern Verstecken. Und Ballspielen mag ich auch nicht«, bekannte sie.

»Ich auch nicht.«

Blanca lächelte und hielt mir erneut die Hand entgegen. Diesmal gab ich mir größte Mühe, sie zu küssen.

»Magst du Geschichten?«, fragte sie.

»Nichts mag ich lieber.«

»Ich weiß ein paar, die kaum jemand kennt«, sagte sie. »Mein Vater schreibt sie für mich.«

»Ich schreibe auch Geschichten. Also, ich denke sie mir aus und lerne sie auswendig.«

Blanca runzelte die Stirn.

»Dann erzähl mir eine.«

»Jetzt?«

Blanca nickte herausfordernd.

»Ich hoffe, es ist keine Prinzessinnengeschichte«, drohte sie. »Ich hasse Prinzessinnen.«

»Na ja, es kommt eine Prinzessin vor … Aber sie ist sehr böse.«

Ihr Gesicht hellte sich auf.

»Wie böse?«

2

An jenem Morgen wurde Blanca meine erste Leserin. Mein erstes Publikum. Ich erzählte ihr, so gut ich es vermochte, meine Geschichte von Prinzessinnen und Hexern, Zaubersprüchen und vergifteten Küssen in einem verwünschten Universum, wo zum Leben erwachte Paläste wie infernalische Bestien durch die Ödnis einer finsteren Welt krochen. Als die Heldin am Ende der Geschichte mit einer verfluchten Rose in den Händen in den eisigen Tiefen eines schwarzen Sees versank, bestimmte Blanca für immer den Lauf meines Lebens, als sie eine Träne vergoss und tief bewegt, völlig losgelöst vom äußeren Anschein eines Mädchens aus gutem Hause, murmelte, dass sie meine Geschichte ganz wunderbar gefunden habe. Ich hätte mein Leben dafür gegeben, dass dieser Moment niemals vorüberginge. Als Antonias Schatten vor unsere Füße fiel, wurde ich in die prosaische Realität zurückgeworfen.

»Wir müssen los, Fräulein Blanca. Ihr Vater mag es nicht, wenn wir zu spät zum Essen kommen.«

Das Dienstmädchen zerrte sie von mir weg und führte sie die Straße hinunter. Ich blickte ihr nach, bis ihre Gestalt sich in der Ferne verlor, und sah, wie sie mir zuwinkte. Ich hob meine Jacke auf und zog sie wieder an. Blancas Wärme und ihr Geruch waren noch immer zu spüren. Ich lächelte in mich hinein, und auch wenn es nur für einige Sekunden war, begriff ich, dass ich zum ersten Mal in meinem Leben glücklich war und von nun an, da ich zum ersten Mal von diesem Gift gekostet hatte, nichts mehr sein würde wie vorher.

Als wir an diesem Abend bei Brot und Suppe saßen, sah mich mein Vater ernst an.

»Du wirkst verändert. Ist was passiert?«

»Nein, Papa.«

Ich ging bald zu Bett, um der trübseligen Stimmung zu entgehen, die mein Vater verbreitete. Während ich im dunklen Zimmer lag, dachte ich an Blanca und an die Geschichten, die ich für sie erfinden wollte, und mir wurde klar, dass ich weder wusste, wo sie wohnte, noch wann ich sie wiedersehen würde. Wenn überhaupt.

Die nächsten Tage verbrachte ich damit, nach Blanca Ausschau zu halten. Nach dem Frühstück, sobald mein Vater eingeschlafen war oder die Tür zu seinem Schlafzimmer schloss, um sich seinem persönlichen Vergessen anheimzugeben, verließ ich das Haus und ging zum tiefer gelegenen Teil des Viertels, um durch die engen, finsteren Gassen rings um den Paseo del Borne zu streifen, in der Hoffnung, Blanca oder ihrem unheimlichen Dienstmädchen zu begegnen. Bald kannte ich jeden Winkel und jeden Schatten dieses Labyrinths aus Straßen, deren Mauern sich einander zuzuneigen schienen, um sich zu einem Tunnelgeflecht zu schließen. Ausgehend von der Basilika Santa María del Mar, bildeten die Gassen der mittelalterlichen Zünfte ein Wegenetz, das sich zu einem Gewirr aus Durchgängen, Bögen und unwahrscheinlichen Kehren verzweigte, in das nur wenige Minuten am Tag Sonnenlicht drang. Wasserspeier und Wandreliefs markierten die Kreuzungen zwischen verfallenen Palästen und Gebäuden, die sich übereinanderschoben wie Felsen an einer Steilküste aus Fenstern und Türmen. Wenn ich bei Einbruch der Dunkelheit erschöpft nach Hause kam, war mein Vater gerade wach geworden.

Am sechsten Tag, als ich schon zu glauben begann, dass ich die Begegnung nur geträumt hatte, ging ich durch die Calle de los Mirallers zum Seiteneingang der Kirche Santa María del Mar. Dichter Nebel hatte sich über die Stadt gesenkt und wehte durch die Straßen wie ein weißer Schleier. Das Kirchenportal stand offen. Im Eingang zeichneten sich die Umrisse eines Mädchens und einer Frau in weißen Kleidern ab, die gleich darauf in der Umarmung des Nebels verschwanden. Ich rannte hin und betrat die Basilika. Der Luftzug sog den Nebel ins Innere des Gebäudes. Ein gespenstisches Tuch aus

Dunst schwebte über den Bankreihen des Mittelschiffs, das vom Schein der Kerzen erleuchtet wurde. Ich erkannte Antonia, das Dienstmädchen, das mit bußfertiger Miene in einem der Beichtstühle kniete. Todsicher war die Beichte dieser Hexe so schwarz und klebrig wie Teer. Blanca saß mit baumelnden Beinen in einer Bank und wartete, den Blick gedankenverloren auf den Altar gerichtet. Als ich mich näherte, fuhr sie herum. Ihr Gesicht erhellte sich bei meinem Anblick, und ihr Lächeln ließ mich schlagartig die endlosen elenden Tage vergessen, in denen ich versucht hatte, sie zu finden. Ich setzte mich neben sie.

»Was machst du hier?«, fragte sie.

»Ich wollte zur Messe«, improvisierte ich.

»Um diese Uhrzeit ist keine Messe«, stellte sie lachend fest.

Ich hatte keine Lust, sie weiter zu belügen, und senkte den Blick. Es brauchte keine Worte.

»Ich habe dich auch vermisst«, sagte sie. »Ich dachte, du hättest mich vergessen.«

Ich schüttelte den Kopf. Die nebelhafte, von Flüstern erfüllte Atmosphäre machte mir Mut und ich beschloss, ihr etwas zu sagen, das ich mir ursprünglich für meine Geschichten von Magie und Heldenmut ausgedacht hatte.

»Ich könnte dich niemals vergessen«, sagte ich.

Es waren Worte, die hohl und lächerlich hätten klingen können, insbesondere aus dem Mund eines achtjährigen Jungen, der womöglich nicht wusste, was er da sagte, aber das war, was ich empfand. Blanca sah mich mit einer sonderbaren Traurigkeit an, die so gar nicht zu einem kleinen Mädchen passte, und drückte ganz fest meine Hand.

»Versprich mir, dass du mich niemals vergisst.«

Antonia, das Dienstmädchen, nun offensichtlich ihrer Sünden ledig und bereit, neue zu begehen, beobachtete uns unwillig vom Ende der Bankreihen aus.

»Fräulein Blanca?«

Blanca wandte den Blick nicht von mir ab.

»Versprich es.«

»Ich verspreche es.«

Erneut nahm das Dienstmädchen meine einzige Freundin mit. Ich sah, wie sie durch das Mittelschiff davongingen und durch das rückwärtige Portal verschwanden, das auf den Paseo del Borne hinausführte. Diesmal allerdings mischte sich ein Hauch von Durchtriebenheit in meine Melancholie. Etwas sagte mir, dass das Dienstmädchen eine Frau mit schwachem Gewissen war und regelmäßig zur Beichte musste, um für ihre Verfehlungen zu büßen. Die Kirchenglocken schlugen vier Uhr, als ein Plan in meinem Kopf Gestalt anzunehmen begann.

Von da an erschien ich jeden Tag um viertel vor vier in der Kirche Santa María del Mar und setzte mich in eine Bank in der Nähe der Beichtstühle. Es waren keine zwei Tage vergangen, als ich sie wiedersah. Ich wartete, bis das Dienstmädchen im Beichtstuhl niederkniete, und ging dann zu Blanca.

»Jeden zweiten Tag um vier Uhr«, raunte sie mir zu.

Ohne Zeit zu verlieren, nahm ich sie bei der Hand

und spazierte mit ihr durch die Basilika. Ich hatte eine Geschichte für sie vorbereitet, die genau hier, zwischen den Säulen und Seitenkapellen der Kirche, spielte, mit einem entscheidenden letzten Kampf zwischen einem bösen, aus Asche und Blut geformten Geist und einem heldenhaften Ritter in der Krypta unter dem Altar. Es sollte die erste Folge einer ganzen Reihe von Abenteuer-, Schauer- und Liebesgeschichten mit dem Titel *Die Gespenster der Kathedrale* werden, die ich mir für Blanca ausdachte und die mir in meiner unermesslichen Eitelkeit eines aufstrebenden Schriftstellers nicht weniger als genial erschienen. Ich wurde gerade rechtzeitig mit der Geschichte fertig, um zum Beichtstuhl zurückzukehren und das Dienstmädchen abzupassen, das mich diesmal allerdings nicht sah, weil ich mich hinter einer Säule versteckte. Zwei Wochen hindurch trafen Blanca und ich uns jeden zweiten Tag dort. Wir teilten Geschichten und Kinderträume, während das Dienstmädchen den Pfarrer mit der ausführlichen Schilderung ihrer Sünden quälte.

Am Ende der zweiten Woche bemerkte der Beichtvater meine Anwesenheit und zählte sogleich zwei und zwei zusammen. Ich wollte mich gerade davonschleichen, als er mir bedeutete, herzukommen. Sein Erscheinungsbild, das an einen abgehalfterten Boxer erinnerte, überzeugte mich, seiner Aufforderung Folge zu leisten. Zitternd vor Angst, weil man mir offensichtlich auf die Schliche gekommen war, kniete ich im Beichtstuhl nieder.

»*Ave Maria Purissima*«, hauchte ich durch das Gitter.

»Sehe ich aus wie eine Nonne, du Rotzlöffel?«

»Verzeihung. Ich weiß nicht, was man sagt.«

»Hat man dir das nicht in der Schule beigebracht?«

»Der Lehrer ist Atheist und behauptet, ihr Priester wärt ein Werkzeug des Kapitals.«

»Und wessen Werkzeug ist er?«

»Das hat er nicht gesagt. Ich glaube, er hält sich für einen Freigeist.«

Der Priester lachte.

»Wo hast du gelernt, so zu reden? In der Schule?«

»Durch Lesen.«

»Durch Lesen von was?«

»Alles, was ich in die Finger kriege.«

»Liest du auch das Wort des Herrn?«

»Der Herr schreibt?«

»Wenn du so weitermachst, wirst du noch in der Hölle schmoren, du kleiner Klugscheißer.«

Ich schluckte.

»Muss ich Ihnen jetzt meine Sünden beichten?«, murmelte ich ängstlich.

»Nicht nötig. Die stehen dir auf die Stirn geschrieben. Was ist das für eine Geschichte mit der Dienstmagd und diesem Mädchen?«

»Welche Geschichte?«

»Ich erinnere dich daran, dass dies hier ein Beichtstuhl ist. Wenn du einen Priester anlügst, wird dich gleich beim Rauskommen der Bannstrahl Unseres Herrn treffen«, drohte der Beichtvater.

»Sind Sie sicher?«

»Ich an deiner Stelle würde das Risiko nicht eingehen. Schieß los.«

»Wo soll ich anfangen?«, fragte ich.

»Red nicht lange um den heißen Brei herum und sag mir, was du jeden Tag um vier Uhr in meiner Kirche zu suchen hast.«

Das Niederknien, das schummrige Licht und der Geruch nach Kerzenwachs haben etwas an sich, das dazu einlädt, das Gewissen zu erleichtern. Ich beichtete alles, bis zu Adam und Eva. Der Priester hörte schweigend zu und räusperte sich jedes Mal, wenn ich stockte. Als ich mit meiner Geschichte am Ende war und davon ausging, dass er mich geradewegs in die Hölle schicken würde, hörte ich ihn lachen.

»Wollen Sie mir keine Buße auferlegen?«

»Wie heißt du, mein Junge?«

»David Martín, mein Herr.«

»Vater, nicht Herr. Es gibt deinen Herrn Vater. Oder den Allmächtigen Herrn. Ich bin nicht dein Vater, ich bin ein Vater. In diesem Fall Vater Sebastián.«

»Verzeihen Sie, Vater Sebastián.«

»Vater genügt. Und verzeihen muss der Herr. Ich bin nur sein Verwalter. Wie auch immer. Für heute entlasse ich dich mit einem Ratschlag und ein paar Ave-Maria. Und weil ich glaube, dass der Herr in seiner unendlichen Weisheit diesen ungewöhnlichen Weg gewählt hat, damit du zur Kirche findest, schlage ich dir einen Handel vor. Wenn du dich alle zwei Tage mit deiner Angebeteten triffst, kommst du eine halbe Stunde früher und hilfst mir, die Sakristei sauberzumachen. Im Gegenzug werde ich das Dienstmädchen mindestens eine halbe Stunde beschäftigen, um dir Zeit zu geben.«

»Das würden Sie für mich tun, Vater?«

»Ego te absolvo in nomine Patris et Filii et Spiritus Sancti. Und jetzt verschwinde.«

3

Vater Sebastián stand zu seinem Wort. Ich traf eine halbe Stunde früher ein und half ihm in der Sakristei, denn der arme Mann war lahm und kam nur mühsam allein zurecht. Er hörte sich gerne meine Geschichten an, die in seinen Augen kleine, lässliche Blasphemien waren, ihn jedoch gut unterhielten, insbesondere solche mit Gespenstern und Zauberern. Ich hatte das Gefühl, dass er genauso einsam war wie ich und sich deshalb bereit erklärt hatte, mir zu helfen, weil ich ihm gestanden hatte, dass Blanca meine einzige Freundin war. Ich lebte für diese Begegnungen.

Blanca erschien immer blass und vergnügt. Sie trug stets elfenbeinfarbene Kleidchen, neue Schuhe und Halskettchen mit Silbermedaillons. Sie lauschte den Geschichten, die ich für sie erfand, und erzählte mir von ihrer Welt und dem großen, düsteren Haus, in dem ihr Vater nun lebte, ein Ort, den sie fürchtete und hasste. Manchmal erwähnte sie auch ihre Mutter Alicia, mit der sie in dem alten Familienanwesen in Sarrià lebte. Andere Male war sie den Tränen nahe, wenn sie von ihrem Vater sprach, den sie vergötterte. Aber er sei krank, so erzählte sie, und verlasse kaum je das Haus.

»Mein Vater ist Schriftsteller«, erklärte sie. »So wie du. Aber er schreibt keine Geschichten mehr für mich wie früher. Jetzt schreibt er nur noch für einen Mann, der ihn manchmal nachts besucht. Gesehen habe ich ihn nie, aber als ich einmal dort schlief, hörte ich sie bis spätnachts im Arbeitszimmer meines Vaters reden. Dieser Mann ist nicht gut. Er macht mir Angst.«

Wenn ich mich nachmittags von ihr verabschiedete und nach Hause zurückkehrte, träumte ich von dem Moment, in dem ich sie aus diesem Leben in Einsamkeit erretten würde, vor diesem furchterregenden nächtlichen Besucher, diesem in Watte gepackten Leben, das ihr mit jedem Tag, der verging, die Luft raubte. Jeden Abend sagte ich mir, dass ich sie nicht vergessen würde und dass ich sie nur kraft meiner Gedanken retten könnte.

An einem Novembertag, der blau und mit Eisblumen auf den Fensterscheiben anbrach, ging ich wie immer zu unserer Verabredung, doch Blanca kam nicht. Zwei Wochen lang wartete ich jeden Tag vergeblich in der Basilika darauf, dass meine Freundin erschien. Ich suchte überall nach ihr, und wenn mein Vater mich nachts beim Weinen überraschte, log ich und behauptete, ich hätte Zahnweh. Doch kein Zahn konnte jemals so schmerzen wie ihre Abwesenheit. Vater Sebastián, der sich allmählich Sorgen machte, als er mich jeden Tag dort warten sah wie eine gepeinigte Seele, setzte sich irgendwann zu mir und wollte mich trösten.

»Vielleicht solltest du deine Freundin vergessen, David.«

»Das kann ich nicht. Ich habe es ihr versprochen.«

Ein Monat war seit ihrem Verschwinden vergangen, ehe mir aufging, dass ich sie tatsächlich zu vergessen begann. Ich hörte auf, jeden zweiten Tag zur Kirche zu gehen, mir Geschichten für sie auszudenken und mich jeden Abend, wenn ich schlafen ging, im Dunkeln an ihr Bild zu erinnern. Ich begann, den Klang ihrer Stimme zu vergessen, ihren Geruch, das Leuchten auf ihrem Gesicht. Als mir klarwurde, dass ich dabei war, sie zu verlieren, wollte ich Vater Sebastián aufsuchen, um ihn zu bitten, mir zu vergeben, diesen Schmerz von mir zu nehmen, der mich von innen verzehrte, und mir ins Gesicht zu sagen, dass ich mein Versprechen gebrochen und nicht in der Lage gewesen war, die einzige Freundin in Erinnerung zu behalten, die ich je gehabt hatte.

Anfang Dezember sah ich Blanca zum letzten Mal. Ich war nach unten gegangen und starrte von der Toreinfahrt in den Regen hinaus, als ich sie bemerkte. Sie kam alleine durch den Regen, ihre weißen Lackschuhe und ihr elfenbeinfarbenes Kleid waren triefend nass. Ich lief ihr entgegen und sah, dass sie weinte. Auf meine Frage, was passiert sei, umarmte Blanca mich und erzählte, ihr Vater sei sehr krank und sie sei von zu Hause ausgerissen. Ich redete ihr gut zu, sie solle keine Angst haben. Wir würden zusammen weggehen; wenn nötig, würde ich Geld stehlen, um zwei Zugfahrkarten zu kaufen, und dann würden wir für immer aus der Stadt fliehen. Blanca lächelte und umarmte mich. In dieser schweigenden Umarmung standen wir unter den Baugerüsten des Orpheons, als eine große schwarze Kutsche aus dem Unwetter auftauchte und vor uns hielt. Eine dunkle Gestalt entstieg der Kutsche. Es war Antonia, das Dienstmädchen. Sie riss Blanca aus meinen Armen und zerrte sie in den Wagen. Blanca schrie auf, doch ehe ich etwas unternehmen konnte, fuhr das Dienstmädchen herum und ohrfeigte mich mit aller Kraft. Benommen stürzte ich rückwärts aufs Pflaster. Als ich mich wieder aufrappelte, fuhr die Kutsche bereits davon.

Ich lief der Kutsche durch den Regen hinterher bis zu den Bauarbeiten an der Vía Layetana. Die neue Avenue war ein langes Tal überschwemmter Gräben, die mit Hilfe von Dynamit und Abbruchkränen eine scharfe Schneise durch den Dschungel der Gassen und Häuser des Ribera-Viertels schlug. Die Kutsche wich Schlaglöchern und Pfützen aus und entfernte sich immer weiter. In meinem verzweifelten Versuch, ihre Spur nicht zu verlieren, kletterte ich auf einen Hügel aus Pflastersteinen und Erde, der neben einem vom Regen überfluteten Graben aufragte. Plötzlich spürte ich, wie der Boden unter meinen Füßen nachgab und ich ins Rutschen geriet. Ich schlitterte die Böschung hinunter und stürzte der Länge nach in das Wasser, das sich unten gesammelt hatte. Es gelang mir, festen Grund unter den Füßen zu bekommen und den Kopf aus dem hüfttiefen Wasser zu strecken. Auf einmal bemerkte ich, dass die Flüssigkeit faulig war und an der Oberfläche vor schwarzen Spinnen wimmelte. Die Insekten stürzten sich auf mich und krabbelten mir auf Hände und Arme. Ich schrie auf und schlug wild um mich. In meiner Panik versuchte ich die schlammigen Wände hinaufzuklettern, doch als ich mich schließlich aus dem überschwemmten Graben herausgekämpft hatte, war es zu spät. Die Kutsche verlor sich weiter unten in der Stadt, ihre Umrisse lösten sich im dichten Regenschleier auf. Nass bis auf die Knochen, schleppte ich mich nach Hause, wo mein Vater immer noch in seinem Zimmer schlief. Zitternd vor Wut und Kälte, riss ich mir die nassen Kleider vom Leib und legte mich ins Bett. Ich sah, dass die Haut an meinen Händen und Armen mit kleinen roten Punkten übersät war, die bluteten. Stiche. Die Spinnen aus dem Graben hatten keine Zeit verloren. Ich spürte, wie mir das Gift in den Adern brannte und ich das Bewusstsein verlor. Dann fiel ich in einen dunklen Abgrund irgendwo zwischen Wachen und Traum.

Ich träumte, dass ich im Unwetter auf der Suche nach Blanca durch die verwaisten Gassen des Viertels lief. Trüber Regen peitschte gegen die Fassaden, und im Widerschein der Blitze waren undeutliche Schemen in der Ferne zu erahnen. Eine große schwarze Kutsche kämpfte sich durch den Nebel. Darin saß Blanca, sie schrie und trommelte mit den Fäusten gegen die Scheiben. Ich folgte ihren Rufen bis zu einer finsteren Gasse, wo ich beobachtete, wie die Kutsche vor einem düsteren Bauwerk hielt, über dem ein gewaltiger Turm in den Himmel aufragte. Blanca stieg aus und sah mich an, während sie mir flehend die Hände entgegenstreckte. Ich wollte zu ihr laufen, doch ich war erst wenige Meter weit gekommen, als sich ein Schatten bedrohlich in der Tür des Hauses auftürmte. Es war ein mächtiger Engel mit marmornem

Gesicht. Er blickte mich an und schenkte mir ein Wolfslächeln, dann breitete er seine schwarzen Flügel über Blanca und hüllte sie in seine Umarmung. Ich schrie auf, doch über die Stadt hatte sich völlige Stille gesenkt. Einen endlosen Augenblick lang erstarrte der Regen in der Luft wie Tausende kristallener Tränen, die im Leeren schwebten. Ich sah, wie der Engel sie auf die Stirn küsste und seine Lippen ihre Haut versengten wie glühendes Eisen. Als der Regen den Boden berührte, waren beide für immer verschwunden.

NAMENLOS

Barcelona, 1905

Jahre später erzählte man mir, sie sei zum letzten Mal gesehen worden, als sie die düstere Allee entlangging, die zum Eingang des Ostfriedhofs führte. Die Dämmerung brach gerade herein, und ein eisiger Nordwind trieb eine Kuppel aus roten Wolken über die Stadt. Sie war allein. Zitternd vor Kälte, hinterließ sie eine Spur unsicherer Schritte in der Decke aus Schnee, der seit dem frühen Nachmittag fiel. Als das Mädchen die Schwelle des Friedhofs erreichte, blieb es einen Moment stehen, um Luft zu schöpfen. Hinter den Mauern war ein Wald aus Engeln und Kreuzen zu erahnen. Der Geruch von verwelkenden Blumen, Kalk und Salpeter strich ihr übers Gesicht, als wollte er sie zum Eintreten auffordern. Sie wollte gerade ihren Weg fortsetzen, als ein schneidender Schmerz ihren Leib durchfuhr wie ein glühendes Messer. Sie presste die Hände auf den Bauch und atmete tief durch, um die Übelkeit zu unterdrücken. Für einen endlosen Moment waren da nur der Schmerz und die Angst, keinen einzigen Schritt mehr tun zu können und vor dem Friedhofsportal zusammenzubrechen, wo man sie am Morgen finden würde – an die Gitterstäbe geklammert wie eine Statue aus Eis und Reif, das Kind, das sie im Leib trug, ausweglos in seinem eisigen Sarkophag gefangen.

Es wäre ein Leichtes gewesen, sich dort im Schnee liegend dem Schicksal zu beugen und für immer die Augen zu schließen. Aber sie spürte diesen Lebensatem in ihrem Inneren pulsieren, einen Atem, der nicht verlöschen wollte und sie auf den Beinen hielt, und da wusste sie, dass sie sich weder dem Schmerz noch der Kälte ergeben würde. Sie nahm all ihre schwindenden Kräfte zusammen und stand wieder auf. Der Schmerz schnürte ihr den Leib wie Fesseln zusammen, aber sie achtete nicht darauf und beschleunigte ihre Schritte. Sie blieb nicht stehen, bis sie das Labyrinth aus Gräbern und bemoosten Statuen hinter sich gelassen hatte. Erst als sie den Blick hob und das große schmiedeeiserne Tor zur alten Bücherfabrik sah, das sich vor der schwarzen Dämmerung abzeichnete, spürte sie einen Hoffnungsschimmer.

Weiter hinten wucherte das Viertel Poble Nou einem Horizont aus Asche und Schatten entgegen. Die Stadt der Fabriken zeichnete den dunklen Widerschein eines von Schloten entflammten Barcelonas, die zu Hunderten ihren schwarzen Atem in den scharlachroten Himmel ausdünsteten. Während das Mädchen immer tiefer in das Gassengewirr zwischen Lagerhallen und Speicherhäusern eindrang, erkannte sie einige der großen Gebäude wieder, die das Bild des Viertels prägten, von der Fabrik Can Saldrigas bis zur Torre de las Aguas. Die alte Bücherfabrik hob sich von ihnen allen ab. Aus ihrer extravaganten Silhouette ragten Türmchen und Bögen hervor wie das Werk eines teuflischen Architekten, der einen Weg gefunden hatte, die Gesetze der Perspektive zu überlisten. Türme, Minarette und Kamine ritten auf einer Unzahl an Kuppeln und Gewölben, die von Dutzenden Strebepfeilern und Säulen getragen wurden. Skulpturen und Reliefbänder schlängelten sich die Mauern entlang, und von großen Fenstern durchbrochene Türme sandten Nadeln aus gespenstischem Licht in die Nacht.

Das Mädchen beobachtete die Heerscharen von Wasserspeiern, die auf den Gesimsen hockten und Dunstschlieren absonderten, von denen der bittere Geruch nach Tinte und Papier ausging. Als sie spürte, dass ihr der Schmerz erneut in den Leib kroch, schleppte sie sich hastig zu dem großen Eingangstor und zog an der Türklingel. Hinter dem schmiedeeisernen Portal war der dumpfe Schlag einer Glocke zu hören. Das Mädchen blickte zurück und stellte fest, dass ihre Fußspuren im Handumdrehen unter dem Schnee verschwunden waren. Ein eisiger, schneidender Wind drückte sie gegen das Tor. Sie zog erneut kräftig an der Türglocke, ein ums andere Mal, aber es zeigte sich niemand. Die schwache Helligkeit ringsum schien sich zu verflüchtigen, die Schatten zu ihren Füßen wuchsen rasch an. Ihr blieb nicht viel Zeit. Sie trat einige Schritte zurück und spähte zu den großen Fenstern der Hauptfassade hinauf. Hinter einer der beschlagenen Scheiben zeichnete sich eine Gestalt ab, reglos wie eine Spinne in ihrem Netz. Ihr Gesicht konnte das Mädchen nicht erkennen, lediglich die Umrisse eines Frauenkörpers, aber sie wusste, dass sie beobachtet wurde. Sie schwenkte die Arme und rief laut um Hilfe. Die Gestalt blieb wie versteinert stehen, bis plötzlich das Licht erlosch. Das Fenster lag nun völlig im Dunkeln, das Mädchen ahnte jedoch, dass das Augenpaar immer noch lauernd dort im Schatten, im Dunkeln glomm. Die Angst ließ sie die Kälte und den Schmerz vergessen. Sie zog ein weiteres Mal an der Türglocke, doch als sie begriff, dass sie auch diesmal keine Antwort erhalten würde, begann sie mit den Fäusten gegen die Tür zu hämmern und zu schreien. Sie klopfte, bis ihre Hände bluteten, und bat laut um Hilfe, bis ihr die Stimme versagte und ihre Beine sie nicht länger trugen. Sie sank in eine gefrorene Pfütze, schloss die Augen und spürte das Leben in ihrem Bauch pulsieren. Nach kurzer Zeit bedeckte der Schnee ihr Gesicht und ihren Körper.

Die Nacht breitete sich bereits aus wie zerfließende Tinte, als die Tür sich öffnete und einen Fächer aus Licht auf ihren Körper warf. Zwei Gestalten mit Gaslaternen knieten neben ihr nieder. Einer der beiden Männer, ein korpulenter Kerl mit pockennarbigem Gesicht, strich dem Mädchen das Haar aus der Stirn. Sie schlug die Augen auf und lächelte ihn an. Die beiden Männer wechselten einen Blick, und der zweite, der jünger und schlanker war, deutete auf einen blitzenden Gegenstand an der Hand des Mädchens. Ein Ring. Der Jüngere wollte ihn ihr abnehmen, aber sein Begleiter hielt ihn zurück.

Die beiden richteten sie auf. Der Ältere, Kräftigere, hob sie hoch und befahl dem anderen, Hilfe zu holen. Der gab widerstrebend nach und verschwand in der Dunkelheit. Das Mädchen sah dem Mann, der sie in seinen Armen hielt, unvermittelt in die Augen und hauchte ein Wort, das ihre vor Kälte starren Lippen kaum formen konnten. *Danke. Danke.*

Der Mann, der leicht hinkte, brachte sie zu einer Art Remise neben dem Fabrikeingang. Drinnen konnte das Mädchen weitere Stimmen hören und spürte, wie mehrere Arme sie nahmen und auf einen Holztisch vor einem Feuer legten. Langsam schmolz die Hitze der Flammen die eisigen Tränen, die ihr über Haar und Gesicht perlten. Zwei Mädchen, die ebenso jung waren wie sie und Dienstmädchenkleidung trugen, wickelten sie in eine Decke und begannen ihre Arme und Beine abzurubbeln. Ein Händepaar, das nach Gewürzen roch, führte ihr ein Glas mit Glühwein an die Lippen. Die warme Flüssigkeit rann durch ihre Eingeweide wie Balsam.

Auf dem Tisch liegend, ließ das Mädchen den Blick durch den Raum schweifen und erkannte, dass sie sich in einer Küche befand. Eines der Dienstmädchen bettete ihren Kopf auf mehrere Tücher, und das Mädchen ließ den Kopf nach hinten sinken. Es war, als stünde der Raum kopf: Töpfe, Pfannen und Besteck schwebten entgegen der Schwerkraft in der Luft. Und so sah das Mädchen sie eintreten. Das bleiche, ernste Gesicht der Dame in Weiß näherte sich langsam von der Tür her, als glitte sie über die Decke. Die Dienstmädchen traten zur Seite und der korpulente Mann senkte mit einem Hauch von Furcht den Blick und zog sich rasch zurück. Das Mädchen hörte, wie sich die Schritte und Stimmen entfernten und begriff, dass sie mit der Dame in Weiß allein war. Als diese sich über sie beugte, nahm sie ihren warmen, süßen Atem wahr.

»Hab keine Angst«, murmelte die Dame.

Ihre grauen Augen betrachteten sie stumm, während sie ihr mit dem Handrücken über die Wange streichelte. Es war die zarteste Haut, die das Mädchen jemals gespürt hatte. Sie dachte, dass die andere die Anmutung und das

Auftreten eines gefallenen Engels besaß, der durch den Vorhang des Vergessens aus dem Himmel gestürzt war. Schutzsuchend blickte sie zu ihr auf. Die Dame lächelte ihr zu und strich ihr unendlich sanft übers Gesicht. So verharrten sie fast eine halbe Stunde in der Stille, bis Stimmengewirr vom Hof zu hören war und die Dienstmädchen in Begleitung des jüngeren Mannes und eines Herrn in einem schweren Mantel zurückkehrten, der einen großen schwarzen Koffer trug. Der Arzt trat zu ihr und fühlte ihren Puls. Seine Augen beobachteten sie nervös. Dann tastete er ihren Bauch ab und seufzte. Das Mädchen konnte die Anweisungen kaum verstehen, die der Arzt den Dienstmädchen und Knechten gab, die sich rings um das Feuer versammelt hatten. Erst dann erlangte sie ihre Stimme wieder und fand die Kraft, zu fragen, ob ihr Kind gesund zur Welt kommen werde. Der Arzt, der seinem Gesichtsausdruck nach zu urteilen Mutter und Kind für todgeweiht hielt, wechselte lediglich einen Blick mit der Dame in Weiß.

»David«, hauchte das Mädchen. »Er soll David heißen.«

Die Dame nickte und küsste sie auf die Stirn.

»Du musst jetzt ganz stark sein«, flüsterte sie ihr zu und drückte ihre Hand.

Jahre später erfuhr ich, dass dieses kaum sechzehnjährige Mädchen ganz still und mit offenen Augen dalag, ohne auch nur einmal zu stöhnen. Tränen rollten ihr über die Wangen, als der Arzt mit einem Skalpell ihren Bauch aufschnitt und ein Kind auf die Welt holte, das seine Mutter nur aus den Erzählungen Fremder in Erinnerung behalten sollte. Unzählige Male habe ich mich gefragt, ob sie mitbekam, wie die Dame in Weiß ihr den Rücken zukehrte, um das Baby an ihre weißseidene Brust zu drücken, während sie die Arme ausstreckte und flehte, ihr Kind sehen zu dürfen. Ich habe mich oft gefragt, ob sie ihren Sohn weinen hörte, als er auf dem Arm einer anderen Frau davongetragen wurde, während sie allein, in ihrem eigenen Blut liegend, in dem Raum zurückblieb, bis jemand kam, um ihren noch zitternden Körper in ein Leichentuch zu hüllen. Ich habe mich gefragt, ob sie spürte, wie eines der Dienstmädchen den Ring von ihrer linken Hand zerrte und ihr dabei die Haut zerkratzte, während man ihren Körper wieder in die Nacht hinausschleifte, wo die beiden Männer, die sie gerettet hatten, sie nun auf einen Karren luden. Ich habe mich so oft gefragt, ob sie noch atmete, als die Pferde schließlich anhielten und die beiden Kerle das Leichentuch packten, um sie in den Graben zu werfen, der das Abwasser von Hunderten Fabriken zu den elenden Baracken aus Schilf und Pappe spülte, die den Strand von Bogatell übersäten.

Ich will glauben, dass sie in dem letzten Moment, als das stinkende Wasser sie ins Meer ausspuckte und sich das Leichentuch, das sie einhüllte, in der Strömung entfaltete, um ihren Körper einer bodenlosen Dunkelheit zu übergeben – dass sie in diesem Moment wusste, dass das Kind, das sie geboren hatte, lebte und immer ein Andenken an sie bewahren würde. Dieses Mädchen war meine Mutter.

Ihren Namen habe ich nie erfahren.

EIN JUNGES MÄDCHEN AUS BARCELONA

Laia war fünf Jahre alt, als ihr Vater sie zum ersten Mal verkaufte. Es war eine unschuldige, barmherzige Vereinbarung, ohne eine andere Arglist als jene, welche Hunger und drückende Schulden eingaben. Eduardo Sentís, ein glück- und mittelloser Porträtfotograf, hatte kürzlich das Atelier des Mannes geerbt, der mehr als zwanzig Jahre lang sein Mentor und Förderer gewesen war. Sentís hatte als Lehrling und Praktikant angefangen, war dann zum Gesellen aufgestiegen und schließlich, nach Erlangung des Meistertitels – nicht aber des entsprechenden Gehalts –, zum Fotografen und Kompagnon. Das Atelier befand sich in einem geräumigen Ladenlokal in der Calle Consejo de Ciento und umfasste vier Fotokulissen, zwei Dunkelkammern und ein Lager, das bis obenhin mit antiquierter Ausrüstung in prekärem Zustand vollgestopft war. Zugleich erbte Eduardo auch den gewaltigen Schuldenberg, den sein Arbeitgeber, der eher ein Mann der Objektive und Fotoplatten als transparenter Rechnungen gewesen war, hinterlassen hatte. Als jener starb, hatte Eduardo Sentís schon seit sechs Monaten kein Gehalt mehr bekommen. Laut dem Testamentsvollstrecker sollte die posthume Übereignung des Ladens und des jämmerlichen Barvermögens, das es obendrauf gab, eine angemessene Entschädigung für seinen treuen Einsatz sein. Als sich die Prüfer über die Bücher hermachten und Licht in das Dickicht brachten, wurde Eduardo Sentís klar – was sein Arbeitgeber ihm zum Dank dafür hinterlassen hatte, dass er ihm seine Jugend und seine Arbeitskraft geopfert hatte, war weniger ein Erbe als vielmehr ein Fluch. Er musste sämtliche Angestellte entlassen und allein dafür Sorge tragen, dass das Atelier und er selbst überlebten. Bis dato hatte das Geschäft einen guten Teil der Einnahmen mit Familienfeierlichkeiten aller Art gemacht, von Hochzeiten und Taufen bis hin zu Beerdigungen und Kommunionen. Bestattungen waren eine Spezialität des Hauses, und Eduardo Sentís hatte mit der Zeit gelernt, die Toten besser auszuleuchten und abzulichten als die Lebenden. Außerdem wurden die Langzeitbelichtungen nie unscharf, weil Verstorbene sich nicht bewegten und auch nicht die Luft anhalten mussten.

Sein Ruf als Porträtist der Finsternis brachte ihm dann einen Auftrag ein, der zunächst kaum Komplikationen zu bergen schien. Margarita Pons, die fünfjährige Tochter eines wohlhabenden Ehepaars mit einem Stadtpalais an der Avenida del Tibidabo und einer Textilfabrik am Ufer des Ter, war am Neujahrstag 1901 an einem geheimnisvollen Fieber verstorben. Ihre Mutter, Doña Eulalia, hatte einen Nervenzusammenbruch erlitten, den die Ärzte der Familie durch großzügige Gaben von Laudanum zu lindern versuchten. Don Federico Pons, Familienoberhaupt und ein Mann ohne Sinn und Zeit für Gefühlsduseleien, hatte mehr als ein Kind sterben gesehen und vergoss nicht eine Träne. Er hatte bereits einen gesunden, aufgeweckten Erben und Stammhalter. Der Verlust einer Tochter, so traurig er sein mochte, bedeutete mittel- und langfristig eine Ersparnis für das Familienvermögen. Er wollte die Trauerfeierlichkeiten und die Beisetzung im Familiengrab auf dem Friedhof des Montjuïc so schnell wie möglich hinter sich bringen, um wieder zum Alltagsgeschäft übergehen zu können. Doch Doña Eulalia, ein fragiles Geschöpf, das sich leicht von den unheimlichen Damen der spiritistischen Vereinigung *La Luz* in der Calle Elisabets beschwatzen ließ, war nicht in der Verfassung, das Kapitel einfach so abzuschließen. Um dem Seufzen und Klagen ein Ende zu setzen, stimmte Don Federico dem mütterlichen Wunsch zu, eine Porträtserie des verstorbenen Mädchens anfertigen zu lassen, bevor die Angestellten des Bestattungsinstituts ihren Körper in einen mit blauen Glaskristallen besetzten Marmorsarg betten würden.

Der Totenfotograf Eduardo Sentís wurde in das Palais an der Avenida del Tibidabo bestellt. Das Anwesen der Familie Pons verbarg sich hinter dichten Hecken und war durch ein schmiedeeisernes Tor an der Ecke zur Calle José Garí zu betreten. Es war ein ungemütlicher, grauer Tag, ein letztes Aufbäumen jenes unfreundlichen, nebelverhangenen Winters, der dem armen Sentís so viel Unglück gebracht hatte. Da er niemanden hatte, bei dem er seine Tochter Laia lassen konnte, kam es, dass sie ihn begleitete. Das Mädchen an der einen Hand, seinen Koffer mit den Linsen und Faltenbälgen in der anderen, stieg Sentís in die blaue Straßenbahn und begab sich zur Pons-Residenz, um das neue Jahr mit Einkünften in klingender Münze zu begehen. Er wurde von einem Diener empfangen, der ihn durch den Garten zum Haus und dort in ein kleines Vorzimmer führte. Laia betrachtete alles mit staunenden Augen. So etwas hatte sie noch nie gesehen. Dieser Ort schien direkt einem Märchen entsprungen, aber einem mit bösen Stiefmüttern und von finsteren Erinnerungen vergifteten Spiegeln. Kristalllüster hingen von den Decken, Statuen und Bilder schmückten die Wände und dicke Perserteppiche bedeckten den Fußboden. Als Sentís auf dieses Vermögen an leblosen Dingen blickte, war er versucht, seinen Tarif zu erhöhen. Er wurde von Don Federico empfangen, der ihm kaum in die Augen sah und in einem Ton zu ihm sprach, den er sich für Dienstboten und Fabrikarbeiter vorbehielt. Eine Stunde habe er, um Aufnahmen von dem toten Mädchen zu machen.

Als er Laia bemerkte, runzelte Don Federico missbilligend die Stirn. Es war ein ungeschriebenes Gesetz unter den Männern seiner Familie, dass sich die Nützlichkeit des weiblichen Geschlechts auf Küche, Tisch und Bett beschränkte, und dieses kleine Ding besaß weder das Alter noch die Herkunft, um für eines der drei in Betracht zu kommen. Sentís entschuldigte die Anwesenheit des Mädchens damit, dass er aufgrund der Dringlichkeit des Auftrags niemanden gefunden habe, der sich um sie kümmerte. Don Federico beschränkte sich auf ein unwilliges Grummeln und bedeutete dem Fotografen, nach oben zu gehen.

Das tote Mädchen war in einem Zimmer im ersten Stock aufgebahrt. Sie ruhte auf einem breiten, mit weißen

Lilien bestreuten Bett, die Hände über einem Kruzifix auf ihrer Brust gefaltet, einen Blumenkranz auf dem Kopf und in ein Kleid aus duftiger Seide gehüllt. Ein Strahl aus aschfahlem, kaltem Licht fiel vom Fenster her auf das Gesicht des Mädchens. Ihre durchscheinende Haut war blau-schwarz geädert und blass wie Marmor. Die Augen waren tief in ihre Höhlen gesunken, die Lippen violett. Das Zimmer roch nach welken Blumen.

Sentís wies Laia an, im Flur zu warten, und baute sein Stativ und seine Kamera vor dem Bett auf. Er rechnete damit, dass er beim Belichten insgesamt sechs Platten brauchen würde. Zwei Nahaufnahmen mit einem Weitwinkelobjektiv. Zwei Aufnahmen von der Taille aufwärts und zwei Ganzkörperaufnahmen. Alle aus demselben Winkel, weil er befürchtete, im Profil oder Dreiviertelprofil könnte das Netz dunkler Äderchen und Kapillaren, die sich unter der Haut des Mädchens abzeichneten, noch deutlicher hervortreten und auf den Aufnahmen unheimlicher wirken, als sie es in Wirklichkeit schon waren. Eine leichte Überbelichtung würde die Haut weißer erscheinen lassen und dem Körper eine warme, weiche Aura verleihen, während der Hintergrund mehr Tiefe erhielte. Als er die Objektive bereitlegte, bemerkte er eine Bewegung am anderen Ende des Raumes. Was er beim Eintreten für eine Statue gehalten hatte, war eine schwarz gekleidete Frau. Ihr Gesicht war unter einem Schleier verborgen. Es war Doña Eulalia, die Mutter des Mädchens. Sie weinte stumm und schleppte sich durch das Zimmer wie eine gequälte Seele. Sie trat zu dem toten Mädchen und streichelte ihr Gesicht.

»Mein Engel spricht zu mir«, sagte sie zu Sentís. »Hören Sie es nicht?«

Sentís nickte und fuhr mit seinen Vorbereitungen fort. Je schneller er hier wegkam, desto besser. Als er bereit war, mit den ersten Aufnahmen zu beginnen, bat der Fotograf die Mutter, für einen Moment aus dem Blickfeld der Kamera zu treten. Sie küsste die Tote auf die Stirn und stellte sich hinter den Fotoapparat.

Sentís war so in seine Arbeit vertieft, dass er nicht bemerkte, dass Laia ins Zimmer gekommen war und neben ihm stand, den Blick starr auf das tote Mädchen gerichtet, das dort auf dem Bett lag. Bevor er reagieren konnte, ging Señora Pons zu Laia und kniete vor ihr nieder. »Hallo, mein kleiner Schatz. Bist du mein Engel?«, fragte sie. Die Dame des Hauses schloss Sentìs' Tochter in die Arme und drückte sie fest an sich. Sentís gefror das Blut in den Adern. Die Mutter der Verstorbenen sang Laia ein Schlaflied vor und wiegte sie in den Armen, murmelte, sie sei ihr Engel und dass sie sich nie wieder trennen würden. In diesem Augenblick erschien Don Federico, riss ihr das Mädchen aus den Armen und führte seine Frau aus dem Zimmer. Doña Eulalia flehte unter Tränen, sie doch bei ihrem Engel zu lassen, und streckte bittend die Arme nach Laia aus. Als sie wieder alleine waren, belichtete der Fotograf die Platten, so schnell er konnte, und verstaute dann seine Ausrüstung. Don Federico erwartete ihn im Empfangsraum des Hauses, die Entlohnung für seine Dienste in einem Umschlag. Sentís stellte fest, dass darin das Doppelte der vereinbarten Summe steckte. Don Federico betrachtete ihn mit einer Mischung aus Erwartung und Geringschätzung. Dann machte er ihm ein Angebot: Gegen eine großzügige Geldsumme sollte der Fotograf am nächsten Tag seine Tochter vorbeibringen und bis zum Abend dalassen. Verdutzt blickte Sentís zu seiner Tochter und dann zu Pons. Der Industrielle verdoppelte die angebotene Summe. Sentís schüttelte wortlos den Kopf. »Denken Sie darüber nach«, war alles, was Pons zum Abschied sagte.

Der Fotograf verbrachte eine schlaflose Nacht. Laia fand ihren Vater weinend im dunklen Atelier vor. Sie nahm seine Hand und sagte, er solle sie zu diesem Haus bringen, sie werde der Engel sein und mit der Señora spielen. Am späten Vormittag standen sie erneut vor dem Palais. Ein Diener nahm das Mädchen in Empfang und sagte Sentís, er solle um sechs Uhr wiederkommen. Der Fotograf sah Laia im Haus verschwinden und schlich die Straße hinunter, bis er auf der Höhe der Calle Balmes ein Lokal fand, wo man ihm ein Glas Brandy hinstellte, und noch eines, und noch eines, bis es Zeit war, seine Tochter wieder abzuholen.

An diesem Tag spielte Laia mit Doña Eulalia und den Puppen der Verstorbenen. Doña Eulalia zog ihr die Kleider der Toten an, küsste und herzte sie, erzählte ihr Geschichten und sprach von ihren Geschwistern, von der Tante und von einer Katze, die sie mal gehabt hätten, die aber weggelaufen sei. Sie spielten Verstecken und stiegen auf den Dachboden. Sie streiften durch den Garten und setzten sich an den Brunnen im Hof, um die bunten Fische im Teich mit Brotkrumen zu füttern. Als es Abend wurde, legte sich Doña Eulalia mit Laia ins Bett und trank ihr Glas Wasser mit Laudanum. Eng umschlungen schliefen die beiden ein, bis ein Diener Laia weckte und zur Tür brachte, wo ihr Vater mit vor Scham geröteten Augen auf sie wartete. Der Diener reichte ihm einen Umschlag mit Geld und gab ihm Anweisung, das Mädchen am nächsten Tag zur gleichen Zeit vorbeizubringen.

In dieser Woche kam Laia täglich zu den Pons, um sich in den kleinen Engel zu verwandeln, mit seinen Spielsachen zu spielen und seine Kleider zu tragen, auf seinen Namen zu hören und ganz im Schatten des Mädchens aufzugehen, dessen Tod wie ein Fluch auf jedem Winkel dieses düsteren, traurigen Hauses lastete. Am sechsten Tag waren ihre Erinnerungen zu denen der kleinen Margarita geworden, und ihre eigene Vergangenheit wie ausgelöscht. Sie hatte sich in das ersehnte Wesen verwandelt und gelernt, Blicke und Sehnsüchte zu lesen, das Zittern gebrochener Herzen wahrzunehmen und Gesten und Berührungen zu finden, die trösteten, wo es keinen Trost gab. Ohne es zu merken, hatte sie gelernt, sich in eine andere Person zu verwandeln, ein Nichts und Niemand zu sein, in der Haut anderer zu leben. Sie bat ihren Vater nie, nicht mehr hingehen zu müssen, und sie erzählte ihm auch nicht, was in den langen Stunden geschah, die sie dort verbrachte. Der Fotograf, berauscht von Geld und Erleichterung, besänftigte sein Gewissen, indem er sich einredete, eine gute Tat zu begehen, einen Akt christlicher Nächstenliebe. »Wenn du nicht möchtest, musst du nicht länger in dieses Haus, hörst du?«, sagte ihr Vater jeden Abend, wenn sie vom Anwesen der Pons zurückkehrten. »Aber wir tun etwas Gutes für sie.«

Am siebten Tag war der kleine Engel verschwunden. Als Doña Eulalia am frühen Morgen aufwachte und das Mädchen nicht neben ihr lag, suchte sie im Glauben, sie spielten Verstecken, im ganzen Haus nach ihr. Das Laudanum und die Dunkelheit führten sie in den Garten, wo sie eine Stimme zu hören glaubte und dem Antlitz eines kleinen Engels mit blaugeädertem Gesicht und von Gift geschwärzten Lippen begegnete, der vom Grund des Teichs nach ihr rief und sie einlud, hineinzusteigen und sich der kalten, stillen Umarmung der Finsternis hinzugeben, die sie hinabzog und ihr zuflüsterte: »Jetzt sind wir für immer zusammen, Mama, wie du es wolltest.«

Jahrelang zogen der Fotograf und seine Tochter mit ihrem Zirkus aus schönem Schein und trügerischen Freuden durch die Städte und Dörfer des Landes. Mit ihren siebzehn Jahren hatte Laia gelernt, aus einigen Blättern Papier, einer alten Fotografie, einer in Vergessenheit geratenen Geschichte oder Erinnerungen, die sich zu sterben weigerten, Lebenswege und Gesichter erstehen zu lassen. Manchmal nutzte sie ihre Kunst, um die Sehnsucht nach einer verbotenen ersten Liebe wiederzuerwecken. Ihr bebendes Fleisch erblühte unter den Händen von Liebhabern, die sich bereits zur Ruhe gesetzt hatten, Männern, die sich alles kaufen konnten außer dem, wonach es sie verzehrte, weil es ihnen im Leben verwehrt geblieben war.

Geschäftsmänner mit viel Geld und wenig Leben lagen, vielleicht nur für Minuten, in den Armen einer Frau, die das Mädchen aus einer heimlichen Sehnsucht, den Seiten eines Tagebuchs oder einem Familienfoto konstruiert hatte und die sie für den Rest ihres Lebens begleitete. Gelegentlich gelangte ihre wundersame Kunst zu einer derartigen Perfektion, dass der Kunde nicht mehr imstande war, Illusion von Wirklichkeit zu unterscheiden. Eine Illusion, die geschaffen worden war, um seine Sinne zu vernebeln und ihm für einige Momente das Gift der Lust einzuflößen. Der Kunde wiegte sich in dem Glauben, das Mädchen sei tatsächlich diejenige, die sie zu sein vorgab, das Objekt seiner Begierde sei zum Leben erwacht und wolle ihn nie wieder gehen lassen. Er war bereit, sein Vermögen und das hohle, fade Leben aufzugeben, das er bislang geführt hatte, um seine Illusion in den Armen dieses Mädchens auszuleben, das sich in das verwandelte, was er am meisten ersehnte.

Wenn das geschah – und es geschah immer häufiger, weil Laia gelernt hatte, die Seele und die Begierden der Männer so genau zu lesen, dass sogar ihr Vater zuweilen das Gefühl hatte, dass das Spiel zu weit ging –, machten sich die beiden im Morgengrauen aus dem Staub und versteckten sich die nächsten Wochen in einer anderen Stadt, in anderen Straßen. Laia verbrachte ihre Zeit in der Suite eines Luxushotels, wo sie nahezu den ganzen Tag verschlief, in eine stille, traurige Lethargie versunken, während ihr Vater durch die Kasinos der Stadt zog und das Vermögen verspielte, das sie innerhalb so kurzer Zeit angehäuft hatten. Die Versprechungen, dieses Leben aufzugeben, wurden immer wieder gebrochen, wenn ihr Vater sie umarmte und ihr zuflüsterte, nur einmal noch, nur noch ein Kunde, dann würden sie in ein Haus am See ziehen, wo Laia nie wieder die verborgenen Wünsche eines reichen Mannes erfüllen müsse, der krank war vor Einsamkeit. Laia wusste, dass ihr Vater log. Er log, ohne es zu merken, wie alle großen Lügner, die zuerst sich selbst belügen und dann nicht imstande sind, die Wahrheit zu akzeptieren, selbst wenn man ihnen das Messer auf die Brust setzt. Sie wusste, dass er log, aber sie verzieh ihm, weil sie ihn liebte und weil sie im Grunde wollte, dass das Spiel weiterging, dass sie bald eine neue Persönlichkeit fand, der sie Leben einhauchen könnte, um zumindest für einige Tage oder Stunden die Leere zu füllen, die in ihr anwuchs und sie nachts auffraß, wenn sie in den Seidenkissen teurer Hotelsuiten auf die Rückkehr ihres Vaters wartete, trunken vom Schnaps und vom Scheitern.

Jeden Monat erhielt Laia Besuch von einem älteren Mann mit deprimiertem Gesicht, den ihr Vater Doktor Sentís nannte. Der Doktor, ein schmächtiger Mann, der sich hinter dicken Brillengläsern verschanzte, um seinen hoffnungslos unglücklichen Blick zu verbergen, hatte schon bessere Zeiten gesehen. In glücklicheren Jahren hatte Doktor Sentís eine angesehene Praxis in der Calle Ausias March unterhalten, die von Damen und Dämchen im heiratsfähigen oder denkwürdigen Alter aufgesucht wurde. In den Räumlichkeiten mit den blauen Decken lag die Creme der barcelonesischen Bourgeoisie mit gespreizten Beinen und kannte weder Geheimnisse noch Scham vor dem guten Doktor. Seine Hände hatten Hunderten Sprösslingen aus gutem Hause auf die Welt geholfen, und seine Behandlung und Ratschläge hatten das Leben und oft auch den Ruf von Patientinnen gerettet, denen gewisse Bereiche ihres eigenen Körpers aufgrund ihrer Erziehung ein größeres Mysterium war als die heilige Dreifaltigkeit.

Doktor Sentís besaß die gelassene Art und den leutseligen Ton eines Mannes, für den die Dinge des Lebens nichts Peinliches an sich haben. Durch seine ruhige, freundliche Art gewann er das Vertrauen und die Wertschätzung von Frauen und Mädchen, die von Nonnen und Mönchen (und die berühren sich bekanntlich nur im Dunkeln und auf Drängen des Leibhaftigen hin) in Angst und Schrecken versetzt worden waren. Er erklärte ihnen ohne verschämtes Herumdrucksen, wie ihr Körper funktionierte, und ermunterte sie, sich nicht für etwas zu schämen, das ihm zufolge ein Werk des Herrn war. Natürlich konnte ein derart talentierter, erfolgreicher, integrer und geachteter Mann in der guten Gesellschaft nicht ewig bestehen. Früher oder später hatte seine Stunde geschlagen. Der Sturz der Gerechten wird stets von jenen betrieben, die ihnen am meisten zu verdanken haben. Man verrät nicht jene, die einem Böses wollen, sondern jene, die einem die Hand reichen, und sei es nur, weil man nicht wahrhaben will, wie tief man in ihrer Schuld steht.

Im Fall von Doktor Sentís ließ der Verrat eine Weile auf sich warten. Lange Jahre hatte der gute Doktor eine vornehme Dame betreut, die eine lieb- und wortlose Ehe mit einem Mann eingegangen war, den sie kaum kannte und mit dem sie in zwanzig Jahren zweimal geschlafen hatte. Die Dame hatte sich im Laufe der Zeit damit abgefunden, mit Spinnweben im Herzen zu leben, aber sie war nicht bereit, das Feuer zwischen ihren Beinen zu ersticken. In einer Stadt, in der so viele Männer ihre Ehefrauen wie Heilige und Jungfrauen behandelten und alle anderen wie Huren und Flittchen, fiel es ihr nicht schwer, Liebhaber und durchreisende Fremde zu finden, mit denen sie sich die Langeweile vertrieb, um sich daran zu erinnern, dass sie noch lebte, wenn auch nur vom Hals abwärts. Die Abenteuer und Affären in fremden Betten hatten ihre Risiken, aber die Dame kannte keine Geheimnisse vor dem guten Doktor, der dafür sorgte, dass ihr blasses, schmachtendes Fleisch nicht von übel beleumundeten Leiden befallen wurde. Die Tränke, Salben und weisen Ratschläge des Arztes hatten die Dame jahrelang im Zustand unveränderter Glut erhalten.

Wie immer, wenn sich die Gelegenheit dazu bot, wollte es das Leben, dass die guten Taten des Arztes mit eiskalter Boshaftigkeit vergolten wurden. Die gute Gesellschaft der Stadt ist eine Welt, die fast ebenso klein ist wie ihr Vorrat an Ehrbarkeit, und es war absehbar, dass der verfluchte Tag kommen würde, an dem einer dieser Halbstundenliebhaber aus Bedürftigkeit, Groll oder, wahrscheinlicher noch, aus Eigennutz das heimliche Liebesleben einer einsamen, traurigen Frau vor den unbarmherzigen Augen ihrer Leidensgenossinnen ausbreiten würde. Die Geschichte der Hure in seidenen Strümpfen, wie sie ein geschwätziger Mitbürger mit Hang zum Literatentum nannte, brachte den Klatsch und Tratsch einer Gesellschaft zum Überkochen, die von übler Nachrede und Argwohn lebte.

Distinguierte Herren ließen sich unter Gelächter haarklein über die Reize der zur Hure in Seidenstrümpfen hinabgesunkenen Dame aus, und ihre nicht weniger distinguierten verschmähten Gattinnen tuschelten darüber, wie diese gefallene Dirne, die sich als ihre Freundin ausgegeben hatte, unaussprechliche Dinge getan und auf Knien und mit vollem Mund die Seelen und tiefer liegende Körperteile ihrer Männer und Söhne verdorben habe, wobei sie eine sprachliche Akrobatik an den Tag legten, die sie in ihren elf Jahren in den Klassenzimmern der Herz-Jesu-Schule nicht erlernt hatten. Es dauerte nicht lange, bis die Geschichte, die beim Weitertragen immer abenteuerlicher wurde, dem erlauchten Gatten der sogenannten Hure mit den seidenen Strümpfen zu Ohren kam. Später hieß es, niemand trage die Schuld, vielmehr sei es die freie Entscheidung der Frau gewesen, das Familienanwesen zu verlassen, ohne Kleider, ohne Schmuck, und in ein kaltes, lichtloses Zimmer in der Calle Mallorca zu ziehen, wo sie sich eines schönen Januarmorgens bei geöffnetem Fenster aufs Bett legte und ein halbes Glas Laudanum trank, bis ihr Herz stillstand und ihre Augen im eisigen Winterwind brachen.

Man fand sie nackt, nur begleitet von einem langen Brief, auf dem die Tinte noch feucht war. Darin gestand sie ihre Geschichte ein und gab Doktor Sentís die alleinige Schuld: Er habe sie mit seinen Tränken und heimtückischen Worten benebelt, damit sie sich einem zügellosen Leben in Wollust hingebe, aus dem sie nur noch das Gebet und die Begegnung mit dem Herrn an den Pforten des Fegefeuers erretten könnten.

Der Brief machte als Faksimile oder in Auszügen die Runde in der feinen Gesellschaft, und binnen eines Monats war das Terminbuch in der Praxis von Doktor Sentís leer. Sein schweigsames, ruhiges Gesicht war nun das eines Parias, den man kaum eines Blickes oder Wortes würdigte. Nach Monaten der Armut versuchte der Doktor, eine Anstellung in den Krankenhäusern der Stadt zu finden, doch keines wollte ihn. Der Ehemann der Verstorbenen, die von der Hure in seidenen Strümpfen zur heiligen Märtyrerin im weißen Umhang verklärt worden war, hatte seine Kontakte spielen lassen und angedroht, dass jeder, der Doktor Sentís vergab, mit ihm im Land der Vergessenen enden sollte.

Mit der Zeit und zunehmenden Unsichtbarkeit sank der gute Doktor aus den Wattewolken des vermögenden Barcelonas in den bodenlosen Keller seiner Gassen, wo Hunderte Huren ohne seidene Strümpfe, aber mit zerstörten Seelen seine Dienste und seine Anständigkeit in Anspruch nahmen, wenn nicht gegen Geld, das sie kaum besaßen, so doch mit Respekt und Dankbarkeit. Der gute Doktor, der seine Praxis in der Calle Ausias March und sein Wohnhaus in San Gervasio weit unter Wert hatte verkaufen müssen, um in diesen schwierigen Zeiten zu überleben, erstand eine bescheidene Wohnung in der Calle Condal, wo er viele Jahre später erschöpft, aber mit reinem Gewissen sterben würde.

In jenen Jahren also, in denen Doktor Sentís, ausgestattet mit Arzneien und gesundem Menschenverstand, durch die Bordelle und Stundenhotels des Raval-Viertels zog, begegnete er dem Fotografen, der ihm unentgeltlich die Talente seiner Tochter anbot. Dieser hatte gehört, dass der Arzt eine erst vierzehnjährige Tochter mit

Namen Laia verloren hatte und kurz darauf von seiner Frau verlassen wurde, weil sie den Verlust nicht ertrug, der sie aneinanderkettete. Die ihn kannten, sagten, dieser tragische Tod habe dem guten Doktor schwer zugesetzt, weil er Laia trotz aller Bemühungen nicht habe retten können. Nachdem der Arzt ihn von einer Mittelohrentzündung geheilt hatte, die ihn beinahe das Gehör und den Verstand gekostet hatte, wollte der Fotograf diesen in Sachleistung bezahlen und war, als er die Fotos und Erinnerungen der Verstorbenen betrachtete, überzeugt, dass seine eigene Tochter diese zum Leben erwecken und dem Mann zumindest für einige Minuten zurückgeben konnte, was er am meisten geliebt hatte auf der Welt. Der wies das Angebot zurück, schloss aber Freundschaft mit dem Fotografen und wurde schließlich der Arzt seiner Tochter, die er jeden Monat besuchte und vor den Krankheiten und Leiden ihres Berufsstandes bewahrte.

Laia bewunderte ihn und wartete sehnsüchtig auf seine Besuche. Er war der einzige Mann, der sie nicht voller Begehren ansah und hemmungslos seine Phantasien auf sie projizierte. Mit ihm konnte sie über Dinge sprechen, die sie bei ihrem Vater niemals zur Sprache gebracht hätte, und ihm ihre Ängste und Sorgen anvertrauen. Der Doktor, der niemals über seine Patientinnen und ihre Profession urteilte, die das Leben für sie bereitgehalten hatte, konnte die Bedenken nicht verhehlen, die es ihm bereitete, dass der Fotograf die besten Jahre seiner Tochter verkaufte. Manchmal erzählte er ihr von der Tochter, die er selbst verloren hatte, und ohne dass es ihr jemand sagen musste, wusste sie, dass sie die Einzige war, der der

Arzt seine Geheimnisse und Erinnerungen anvertraute. Insgeheim wünschte sie, an die Stelle der anderen Laia treten zu können, die Tochter dieses gutherzigen, traurigen Mannes zu werden und den Fotografen zu verlassen, aus dem Habgier und Lüge einen Fremden in den Kleidern ihres Vaters gemacht hatten. Was das Leben ihm verweigert hatte, würde der Tod ihm geben.

Kurz nach ihrem sechzehnten Geburtstag stellte Laia fest, dass sie schwanger war. Der Vater konnte jeder der Kunden sein, von denen jeweils drei die Woche für die Spielschulden des Fotografen aufkamen. Anfangs verheimlichte Laia ihrem Vater die Schwangerschaft und brachte tausend Ausreden vor, um die Besuche von Doktor Sentís zu verhindern. Im vierten Monat bemerkte einer ihrer Kunden, der als Arzt einstmals ein Konkurrent von Doktor Sentís gewesen war und nun einen großen Teil seiner Patienten übernommen hatte, ihren Zustand. Es passierte im Verlauf eines Spiels, bei dem sich Laia, an Händen und Füßen gefesselt, der grausamen Untersuchung des Arztes auslieferte, den das schmerzliche Stöhnen seiner Patientinnen erregte, worauf er sie nackt, blutend und in Fesseln auf dem Bett liegen ließ, wo ihr Vater sie Stunden später fand.

Als er die Wahrheit entdeckte, verfiel der Fotograf in Panik und brachte seine Tochter umgehend zu einer Engelmacherin, die im Verborgenen in einem Keller in der Calle Aviñón praktizierte, um das unerwünschte Kind wegmachen zu lassen. Zwischen Vorhängen und Eimern mit übelriechendem Wasser lag Laia auf einer schmutzigen, blutbefleckten Pritsche und gestand der alten Vettel, dass sie Angst habe und dem unschuldigen Geschöpf in ihrem Leib nicht weh tun wolle. Auf ein Nicken des Fotografen hin flößte die Frau ihr eine dickflüssige, grünliche Flüssigkeit ein, die ihre Sinne vernebelte und sie willenlos machte. Sie spürte, wie ihr Vater sie an den Handgelenken festhielt und die Alte ihre Beine auseinanderschob. Etwas Kaltes, Metallisches bohrte sich in ihr Inneres wie eine Zunge aus Eis. Im Delirium glaubte sie das Weinen eines Kindes zu hören, das in ihrem Bauch strampelte und darum flehte, dass man es am Leben ließ. Dann überwältigte sie eine Explosion aus Schmerz, der wie mit tausend Messern in ihren Eingeweiden wütete, und sie verlor das Bewusstsein. Das Letzte, woran sie sich erinnerte, war, dass sie in schwarzem, dampfendem Blut versank und etwas oder jemand an ihren Beinen zerrte.

Als sie wieder zu sich kam, lag sie immer noch auf der Pritsche, unter dem gleichgültigen Blick der alten Quacksalberin. Sie fühlte sich schwach. Ein dumpfer, brennender Schmerz wütete in ihrem Leib und zwischen ihren Schenkeln, als wäre ihr Körper eine einzige offene Wunde. Ihr fiebriger Blick begegnete dem der Hexe. Sie fragte nach ihrem Vater, doch die Alte schüttelte schweigend den Kopf. Erneut verlor sie das Bewusstsein, und als sie die Augen wieder aufschlug, erkannte sie an der Helligkeit, die durch ein kleines, ebenerdiges Kellerfenster fiel, dass der Tag anbrach. Die Alte stand mit dem Rücken zu ihr und bereitete einen Trank, der nach Honig und Alkohol roch. Laia erkundigte sich wieder nach ihrem Vater, aber die Frau hielt ihr nur eine heiße Tasse hin und sagte, sie solle trinken, dann werde sie sich besser fühlen. Sie trank, und der warme, gallertartige Balsam besänftigte ein wenig die höllischen Schmerzen, die in ihrem Leib wüteten.

»Wo ist mein Vater?«

»Das war dein Vater?«, fragte die Alte mit einem bitteren Lächeln.

Der Fotograf hatte sie für tot gehalten und einfach liegen gelassen. Ihr Herz habe für ein, zwei Minuten ausgesetzt, erklärte die Alte. Als ihr Vater sie so leblos gesehen habe, habe er das Weite gesucht.

»Ich dachte auch, dass du tot bist, doch nach ein paar Minuten hast du die Augen aufgemacht und wieder geatmet. Du kannst dich glücklich schätzen, Mädchen. Der da oben muss dich sehr lieben, dass er dir ein neues Leben schenkt.«

Laia nahm ihre ganze Kraft zusammen, um auf die Beine zu kommen und zum Hotel Colón zurückzugehen, wo sie drei Wochen lang gewohnt hatten. Dort teilte der Mann an der Rezeption ihr mit, dass der Fotograf einen Tag zuvor verschwunden sei, ohne einen Hinweis auf seinen Verbleib zu hinterlassen. Er habe sein gesamtes Gepäck mitgenommen und nur Laias Fotoalbum zurückgelassen.

»Hat er keine Nachricht für mich hinterlegt?«

»Nein, junges Fräulein.«

Laia suchte eine Woche lang in der ganzen Stadt nach ihm. In den Spielkasinos und Cafés, in denen er für gewöhnlich verkehrte, hatte ihn niemand gesehen, aber alle ließen ihm ausrichten, dass er seine Schulden und offene

Rechnungen begleichen solle. In der zweiten Woche begriff sie, dass sie ihn nicht wiedersehen würde. Ohne Zuhause und mutterseelenallein wandte sie sich an Doktor Sentís, der sofort merkte, dass etwas nicht stimmte, und darauf bestand, sie zu untersuchen. Als der gute Doktor den Schaden sah, den die alte Hexe bei dem Mädchen angerichtet hatte, brach er in Tränen aus. An jenem Tag gewann der Mann eine Tochter zurück, und Laia fand zum ersten Mal einen wahren Vater.

Sie lebten gemeinsam in der bescheidenen Wohnung des Arztes in der Calle Condal. Die Einkünfte des Doktors waren gering, aber sie reichten aus, um Laia in einer Mädchenschule anzumelden und ein Jahr lang den Anschein aufrechtzuerhalten, dass alles gut ging. Doch das fortgeschrittene Alter des Arztes und die eine oder andere Unachtsamkeit bei der Dosierung des Äthers, mit dem er heimlich versuchte, den Schmerz seiner Existenz zu mildern, hatten ihre Spuren hinterlassen. Seine Hände begannen zu zittern und er sah immer schlechter. Der Mann erlosch zusehends, und Laia brach die Schule ab, um sich um ihn zu kümmern.

Mit dem Augenlicht verlor der gute Doktor auch den Überblick und begann zu glauben, dass sie seine richtige Tochter sei, die aus dem Reich der Toten zu ihm zurückgekehrt war. Manchmal glaubte das auch Laia, wenn sie ihn in den Armen hielt und an ihrer Schulter weinen ließ. Als seine wenigen Ersparnisse aufgebraucht waren, sah sich Laia gezwungen, auf ihre Künste zurückzugreifen und ihr Geschäft wieder aufzunehmen.

Nun, da sie von ihrem Vater befreit war, stellte Laia

fest, dass ihr Können noch größer geworden war. Nach wenigen Monaten rissen sich die besten Etablissements der Stadt um ihre Dienste. Sie beschränkte sich auf einen Kunden im Monat, und zwar zum Höchstpreis. Über Wochen studierte sie einen Fall und schlüpfte in die Rolle, die sie für einige Stunden verkörpern würde. Nie traf sie sich mehrmals mit einem Kunden. Nie verriet sie ihre wahre Identität.

Als im Viertel das Gerücht die Runde machte, dass der alte Arzt mit einem atemberaubend schönen Mädchen zusammenlebte, tauchte aus dem Dunkel alten Grolls seine frühere Ehefrau auf, um die letzten Jahre eines Mannes zu vergällen, der nichts mehr sah und keine Erinnerungen mehr hatte und dessen einzige Realität ein Mädchen war, das er für seine tote Tochter hielt. Das ihm alte Bücher vorlas, ihn im Arm hielt, ihn Vater nannte und als solchen empfand. Mit Hilfe von Richtern und Polizei gelang es Señora Sentís, Laia aus dem Haus und beinahe auch aus dem Leben des Arztes zu verbannen. Das Mädchen fand Zuflucht in einer Einrichtung, die von einer ehemaligen Prostituierten geführt wurde, und versuchte einige Jahre, zu vergessen, wer sie war und dass sie sich nur lebendig fühlte, wenn sie anderen Leben einhauchte. Wenn die Frau des Arztes es erlaubte, holte Laia ihn nachmittags in seiner Wohnung in der Calle Condal ab und ging mit ihm spazieren. Sie besuchten Plätze und Parks, wo er in seiner Erinnerung mit seiner Tochter gewesen war, und Laia – die Laia, an die er sich erinnerte – las ihm aus Büchern vor oder schwelgte mit ihm in Erinnerung an Dinge, die sie gar nicht erlebt, aber sich zu eigen gemacht hatte. So vergingen fast drei Jahre, in denen der alte Doktor Sentís von Woche zu Woche schwächer wurde, bis zu jenem regnerischen Tag, an dem ich ihr zum Haus des Doktors folgte und Laia die Nachricht erhielt, dass ihr Vater, der einzige, den sie je gehabt hatte, gestern Nacht mit ihrem Namen auf den Lippen gestorben sei.

DIE FEUERROSE

Und so wandten sich, als der 23. April gekommen war, die Gefangenen des Ganges David Martin zu, der mit geschlossenen Augen im Schatten seiner Zelle lag, und baten ihn um eine Geschichte, damit er ihnen die Langeweile vertreibe.
»Ich will euch eine Geschichte erzählen«, sagte er, »eine Geschichte von Büchern, Drachen und Rosen, wie es sich für diesen Tag gehört, aber vor allem eine Geschichte von Schatten und Asche, wie es sich für diese Zeiten gehört.«

1

Die Chroniken berichten, bei seiner Ankunft in Barcelona an Bord eines aus dem Osten kommenden Schiffs habe der Labyrinthebauer bereits den Keim des Fluches mitgebracht, der den Himmel der Stadt mit Feuer und Blut überziehen sollte. Es war das Jahr des Herrn 1454, und im Winter hatte eine Fieberplage die Bevölkerung dezimiert und die Stadt unter einer ockerfarbenen Rauchdecke der Feuer zurückgelassen, in denen Leichen und die Totenhemden Hunderter Verstorbener brannten. Schon von weitem konnte man diese giftige Spirale zwischen Türmen und Palästen sich wie ein Todesvorbote emporwinden sehen, der den Reisenden nahelegte, sich nicht den Stadtmauern zu nähern, sondern weiterzufahren. Die Inquisition hatte dekretiert, die Stadt hermetisch abzuriegeln, und ihre Ermittlungen hatten ergeben, dass die Seuche von einem Brunnen nahe dem Judenviertel Sanaüja stammte, wo in einer diabolischen Verschwörung semitische Wucherer das Wasser vergiftet hatten, wie tagelange Verhöre mit Foltereisen völlig zweifelsfrei ergeben hatten. Nachdem ihre beträchtlichen Vermögen enteignet und ihre Überreste in einen morastigen Graben geworfen worden waren, blieb allein die Hoffnung, die Gebete der rechtschaffenen Bürger brächten den Segen Gottes nach Barcelona zurück. Mit jedem Tag gab es weniger Tote und spürten mehr Menschen, dass das Schlimmste überstanden war. Das Schicksal wollte indessen, dass Erstere die Glücklichen waren, während die anderen bald diejenigen beneiden sollten, die dieses Jammertal schon verlassen hatten. Als die eine oder andere zaghafte Stimme laut wurde, für die in nomine Dei gegen die jüdischen Kaufleute begangene Freveltat werde eine große Strafe vom Himmel fallen, war es bereits zu spät. Vom Himmel fiel nichts als Asche und Staub. Das Böse kam ausnahmsweise übers Wasser.

2

Das Schiff wurde am frühen Morgen gesichtet. Fischer, die vor der Mauer am Meer ihre Netze ausbesserten, sahen es, von der Flut getrieben, aus dem Dunst auftauchen. Als sich der Bug in den Sand bohrte und der Rumpf nach Backbord krängte, kletterten sie an Bord. Aus der Tiefe drang ein intensiver Gestank herauf. Der Laderaum stand unter Wasser, und ein Dutzend Särge schwamm zwischen den Trümmern. Edmond de Luna, den Labyrinthebauer und einzigen Überlebenden der Reise, fanden sie ans Steuer gebunden und von der Sonne versengt. Zunächst hielten sie ihn für tot, doch als sie ihn genauer untersuchten, stellten sie fest, dass unter den Fesseln noch seine Handgelenke bluteten und seine Lippen einen kalten Atem aushauchten. In seinem Gürtel steckte ein ledergebundenes Heft, aber keiner der Fischer konnte es an sich nehmen, denn inzwischen war eine Gruppe Soldaten in den Hafen gekommen, deren Hauptmann gemäß dem Befehl aus dem Bischofspalast, der von der Ankunft des Schiffs unterrichtet worden war, den Sterbenden ins nahe gelegene Hospital del Mar bringen ließ und bei den Überresten des Schiffes seine Leute als Wachen postierte, bis die Offiziere der Inquisition einträfen, um es zu inspizieren und nach Christenart zu erhellen, was geschehen war. Edmond de Lunas Heft wurde dem Großinquisitor Jorge de León übergeben, einem brillanten, ehrgeizigen Kirchenmann, der darauf baute, dass ihn seine Bestrebungen, die Welt zu läutern, bald zum Seligen, Heiligen und lebendigen Licht des Glaubens machen würden. Nach einer ersten kurzen Prüfung bestimmte er, dass das Heft in einer unchristlichen Sprache verfasst sei, und schickte seine Leute nach einem Drucker namens Raimundo de Sempere, der beim Santa-Ana-Portal eine bescheidene Werkstatt betrieb und dank seiner Reisen als junger Mann mehr Sprachen kannte, als es für einen rechtschaffenen Christen ratsam war. Unter Folterdrohungen wurde der Drucker Sempere zu einem Eid gezwungen, geheim zu halten, was sich ihm enthüllen würde. Erst dann wurde ihm erlaubt, in einem von Wachen gesicherten Saal zuoberst in der Bibliothek im Hause des Erzdiakons neben der Kathedrale das Heft zu begutachten. Der Inquisitor Jorge de León beobachtete ihn aufmerksam und gierig. »Ich glaube, der Text ist auf

Persisch geschrieben, Euer Heiligkeit«, murmelte ein erschrockener Sempere. »Noch bin ich nicht heilig«, stellte der Inquisitor richtig, »aber das wird schon kommen. Fahrt fort …« Und so las und übersetzte der Buchdrucker Sempere die ganze Nacht hindurch für den Großinquisitor das geheime Tagebuch des Abenteurers Edmond de Luna, Träger des Fluches, der die Bestie nach Barcelona bringen sollte.

3

Dreißig Jahre zuvor hatte Edmond de Luna Barcelona auf der Suche nach Wundern und Abenteuern Richtung Osten verlassen. Die Fahrt übers Mittelmeer hatte ihn zu verbotenen, auf keiner Seekarte verzeichneten Inseln geführt; er hatte mit Prinzessinnen und Geschöpfen unaussprechlicher Natur das Bett geteilt, die Geheimnisse längst vergessener Zivilisationen kennengelernt und sich mit der Wissenschaft und Kunst des Labyrinthebaus vertraut gemacht, eine Gabe, die ihm Ruhm und im Dienste von Sultanen und Kaisern Arbeit und Vermögen eintrug. Mit den Jahren bedeutete ihm die Anhäufung von Lustbarkeiten und Reichtümern kaum noch etwas. Seine Habgier und sein Ehrgeiz waren weit über die Träume eines gewöhnlichen Sterblichen hinaus befriedigt, und als reifer Mann, wohl wissend, dass seine Tage gezählt waren, beschloss er, seine Dienste nie wieder zur Verfügung zu stellen, es sei denn, um die größte aller Entschädigungen, das verbotene Wissen. Jahrelang schlug er Einladungen zum Bau der wundersamsten, verworrensten Labyrinthe aus, da ihm kein dafür gebotenes Entgelt begehrenswert erschien. Schon dachte er, es gebe keinen Schatz auf der Welt mehr, der ihm nicht angeboten worden wäre, als ihm zu Ohren kam, der Kaiser der Stadt Konstantinopel verlange seine Dienste und biete dafür ein tausendjähriges Geheimnis, zu dem während Jahrhunderten kein Sterblicher Zugang gehabt habe. Gelangweilt und also von einer letzten Chance in Versuchung geführt, die Flamme seiner Seele noch einmal auflodern zu lassen, suchte Edmond de Luna Kaiser Konstantin in seinem Palast auf. Konstantin lebte in der Gewissheit, dass die Belagerung durch die osmanischen Sultane früher oder später sein Reich zerstören und das von der Stadt Konstantinopel über Jahrhunderte hinweg angesammelte Wissen vom Antlitz der Erde tilgen würde. Aus diesem Grund bat er Edmond um das größte je geschaffene Labyrinth, eine Geheimbibliothek, eine Stadt aus Büchern, die unter den Katakomben der Hagia Sophia erstehen und wo die verbotenen Bücher und die Wunder jahrhundertealten Denkens für immer bewahrt werden sollten. Für seine Arbeit bot ihm Kaiser Konstantin keinen Schatz an, sondern nur ein schlichtes Fläschchen aus geschliffenem Glas mit einer scharlachroten Flüssigkeit, die in der Dunkelheit leuchtete. Als er ihm den Flakon aushändigte, lächelte Konstantin seltsam. »Ich habe viele Jahre warten müssen, um den Mann zu finden, der dieses

Geschenk verdient«, erklärte er. »In falschen Händen könnte das ein Instrument für das Böse sein.« Fasziniert und neugierig untersuchte Edmond es. »Es ist ein Tropfen Blutes des letzten Drachen«, sagte der Kaiser sehr leise. »Das Geheimnis der Unsterblichkeit.«

4

Monatelang arbeitete Edmond de Luna an den Plänen für das große Bücherlabyrinth. Immer wieder änderte er das Projekt und war dennoch nie zufrieden. Mittlerweile war ihm klargeworden, dass ihm das Entgelt nichts mehr bedeutete, denn seine Unsterblichkeit wäre eine Folge der Erschaffung dieser wundersamen Bibliothek und nicht eines angeblichen legendären Zaubertranks. Geduldig, aber besorgt rief ihm der Kaiser in Erinnerung, dass die endgültige Belagerung durch die Osmanen unmittelbar bevorstand und es keine Zeit zu verlieren galt. Als Edmond de Luna schließlich die Lösung für das große Puzzle fand, war es zu spät. Die Truppen Mehmeds II. des Eroberers hatten Konstantinopel umzingelt. Das Ende der Stadt – und des Reiches – war nur noch eine Frage von Tagen. Der Kaiser nahm Edmonds Pläne voller Bewunderung entgegen, sah aber ein, dass er das Labyrinth niemals unter der Stadt seines Namens würde bauen können. Da bat er Edmond, den Versuch zu wagen, zusammen mit anderen Künstlern und Denkern, die sich nach Italien aufmachen sollten, die Belagerung zu umgehen. »Ich weiß, dass Ihr den geeigneten Ort finden werdet, um das Labyrinth zu erbauen, mein Freund.« Zum Dank gab ihm der Kaiser das Fläschchen mit dem Blut des letzten Drachen, aber ein Schatten der Besorgnis umwölkte sein Gesicht. »Als ich Euch diese Gabe anbot, appellierte ich an die Habsucht des Geistes, um Euch in Versuchung zu führen, mein Freund. Ich möchte, dass Ihr auch dieses bescheidene Amulett annehmt, das eines Tages vielleicht an die Weisheit Eurer Seele appelliert, wenn der Preis des Ehrgeizes zu hoch ist …«

Der Kaiser löste ein Medaillon von seinem Hals und reichte es ihm. Der Anhänger war weder mit Gold noch einem Juwel veredelt, sondern bestand nur eben aus einem kleinen Steinchen, das wie ein Sandkorn aussah. »Der Mann, der es mir gab, sagte, es sei eine Träne Christi.« Edmond runzelte die Stirn. »Ich weiß, Ihr seid kein Mann des Glaubens, Edmond, doch den Glauben findet man, wenn man ihn nicht sucht, und der Tag wird kommen, da sich Euer Herz und nicht Euer Geist nach der Läuterung der Seele sehnt.« Edmond mochte dem Kaiser nicht widersprechen und hängte sich das unbedeutende Medaillon um. Mit dem Plan und dem scharlachroten Flakon als einzigem Gepäck brach er noch in derselben Nacht auf. Kurz danach fielen nach einer blutigen Belagerung Konstantinopel und das Reich, während Edmond übers Mittelmeer der Stadt entgegenfuhr, die er in seiner Jugend zurückgelassen hatte. Er reiste mit einigen Söldnern, die ihm die Überfahrt angeboten hatten, da sie ihn für einen reichen Händler hielten, den man auf hoher See um seine Börse erleichtern könnte. Als sie feststellten, dass er nicht den geringsten Reichtum bei sich hatte, wollten sie ihn über Bord werfen, doch mit dem Versprechen, ihnen Geschichten zu erzählen wie Scheherazade, brachte er sie von diesem Vorhaben ab. Der Trick bestehe darin, den Zuhörern immer den Speck durch den Mund zu ziehen, hatte ihn ein weiser Erzähler in Damaskus gelehrt. »Sie werden dich dafür hassen, aber sie werden immer noch mehr von dir verlangen.« In freien Momenten begann er seine Erlebnisse in einem Heft festzuhalten. Um es dem indiskreten Blick der Piraten zu entziehen, verfasste er es auf Persisch, einer großartigen Sprache, die er sich in seinen Jahren im antiken Babylon angeeignet hatte. Auf halbem Wege begegneten sie einem abdriftenden Schiff ohne Passagiere noch Besatzung. Sie fanden große Amphoren Wein, die sie an Bord nahmen, um sich allabendlich aus ihnen zu betrinken, während sie den Geschichten Edmonds lauschten, den sie keinen Tropfen kosten ließen. Nach wenigen Tagen erkrankten sie, und bald starben sie einer nach dem anderen an dem Gift, das sie mit dem gestohlenen Wein getrunken hatten. Edmond, der als Einziger diesem Los entging, steckte sie in die Särge, die sie im Laderaum als Beute einer ihrer Plünderungen mitführten. Erst als er der einzige Überlebende an Bord war und fürchtete, als Verirrter auf hoher See in schrecklichster Einsamkeit zu sterben, wagte er das scharlachrote Fläschchen zu öffnen und eine Sekunde lang am Inhalt zu riechen. Dieser kurze Augenblick genügte, um ihn den Abgrund schauen zu lassen, der sich seiner bemächtigen wollte. Er spürte den Dunst, der aus dem Flakon auf seine Haut kroch, und sah eine Sekunde lang seine Hände schuppenbedeckt und ihre Nägel zu schärferen und tödlicheren Klauen werden als die fürchterlichste Waffe. Da umklammerte er das bescheidene Sandkorn an seinem Hals und flehte einen Christus, an den er nicht glaubte, um seine Rettung an. Der schwarze Seelenabgrund verschwand, und Edmond atmete auf, als er seine Hände wieder zu denen eines Sterblichen werden sah. Er verschloss das Fläschchen und verfluchte sich wegen seiner Naivität. Da wurde ihm klar, dass ihn der Kaiser zwar nicht belogen hatte, dass das aber weder Bezahlung noch Segen war. Es war der Schlüssel zur Hölle.

5

Als Sempere das Heft zu Ende übersetzt hatte, erschien zwischen den Wolken das erste Dämmerlicht. Kurz danach verließ der Inquisitor wortlos den Raum, und zwei Wachen kamen, um den Buchdrucker in eine Zelle zu bringen, die er, wie er sich gewiss war, nie wieder lebend verlassen würde. Inzwischen gingen die Leute des Großinquisitors zu den Überresten des gestrandeten Schiffs, wo sie, versteckt in einer Metallschatulle, das scharlachrote Fläschchen finden sollten. Jorge de León erwartete sie in der Kathedrale. Das in Edmonds Text erwähnte Medaillon mit der angeblichen Träne Christi hatten sie nicht finden können, doch den Inquisitor interessierte das nicht, denn er spürte, dass seine Seele keineswegs der Läuterung bedurfte. Mit von Habgier vergifteten Augen ergriff er das scharlachrote Fläschchen, stellte es auf den Altar, um es zu segnen, und trank, Gott und der Hölle für diese Gabe dankend, den Inhalt in einem einzigen Schluck. Es verstrichen einige Sekunden, ohne dass etwas geschah. Dann begann der Inquisitor zu lachen. Verwirrt schauten die Soldaten einander an und fragten sich, ob Jorge de León den Verstand verloren hatte. Für die meisten von ihnen war das der letzte Gedanke ihres Lebens. Sie sahen den Inquisitor auf die Knie fallen, und ein eisiger Luftzug fegte durch die Kathedrale, warf Statuen und brennende Kerzen um und riss die Holzbänke aus ihrer Verankerung.

Dann hörten sie ihre Haut und ihre Glieder brechen, hörten, wie Jorge de Leóns Sterbegeheul mit dem Brüllen der Bestie verschmolz, die nun aus seinem Fleisch erstand und rasch zu einer blutigen Masse aus Schuppen, Klauen und Flügeln anwuchs. Ein mit axtscharfen Schneiden gespickter Schweif dehnte sich zur größten Schlange aus, und als sich die Bestie umwandte und ihnen ihr Gesicht mit seinen Reißzähnen und Feueraugen offenbarte, erstarrten sie vor Schrecken, und so erreichten die Flammen sie und rissen ihnen das Fleisch von den Knochen, wie der Sturm die Blätter vom Baum reißt. Da entfaltete die Bestie, Inquisitor San Jorge und Drache in einem, die Flügel, flog auf und durchbrach in einem Glas- und Feuersturm die große Rosette der Kathedrale, um sich über die Dächer Barcelonas zu erheben.

6

Sieben Tage und sieben Nächte säte die Bestie Angst und Schrecken, riss Kirchen und Paläste nieder, steckte Hunderte Häuser in Brand und zerstückelte mit ihren Klauen die zitternden Gestalten, die um Erbarmen winselten, nachdem ihnen die Dächer über dem Kopf hinweggefegt worden waren. Der Karmesindrache wuchs mit jedem Tag weiter und verschlang alles, was er auf seinem Weg vorfand. Es regnete zerfetzte Körper vom Himmel, und die Flammen seines Atems strömten wie ein blutiger Sturzbach durch die Straßen. Am siebenten Tag, als alle in der Stadt dachten, die Bestie werde sie vollständig dem Erdboden gleichmachen und ihre sämtlichen Bewohner ausrotten, bot ihr eine einsame Gestalt die Stirn. Edmond de Luna, kaum genesen und noch hinkend, stieg die Stufen zum Dach der Kathedrale hinan. Oben wartete er, bis ihn der Drache erblicke und hole. Zwischen den schwarzen Rauch- und Glutwolken erschien die Bestie in ihrem rasenden Flug über die Dächer Barcelonas. Sie war so sehr gewachsen, dass sie bereits größer war als die Kirche, in der sie entstanden war. Edmond de Luna konnte sich in diesen Augen, riesig wie Blutteiche, gespiegelt sehen. Die Bestie, jetzt wie eine Kanonenkugel über die Stadt rasend und dabei Dächer und Türme mitreißend, sperrte ihren Schlund auf, um ihn zu verschlingen. Da zog Edmond de Luna dieses elende Sandkorn hervor, das an seinem Hals hing, und drückte es in seiner Faust. Er erinnerte sich an Konstantins Worte und sagte sich, der Glaube habe ihn endlich gefunden und sein Tod sei ein sehr geringer Preis, um die schwarze Seele der Bestie zu läutern, die nichts anderes als die Seele aller Menschen war. So hob er die Faust mit der Träne Christi, schloss die Augen und bot sie dem Drachen dar. Dessen Schlund verschlang Edmond in Windeseile, und der Drache erhob sich durch die Lüfte zu den Wolken empor. Die sich jenes Tages entsinnen, sagen, der Himmel habe sich gespalten, und ein mächtiger Glanz habe das Firmament entzündet. Die Bestie war in die zwischen ihren Zähnen hervorquellenden Flammen gehüllt, und ihr Flügelschlagen projizierte eine riesige Feuerrose auf die ganze Stadt. Da wurde es still, und als die Überlebenden die Augen wieder öffneten, hatte sich der Himmel bedeckt wie in der schwärzesten Nacht, und ein langsamer Regen aus glänzenden Ascheflocken fiel aus der Höhe herab, bedeckte Straßen, ausgebrannte Ruinen und die Stadt der Gräber, Kirchen und Paläste mit einer weißen Decke, die unter der Berührung zerfiel und nach Feuer und Fluch roch.

7

In dieser Nacht gelang Raimundo de Sempere die Flucht aus seiner Zelle, und bei seiner Heimkehr stellte er fest, dass die Familie und die Buchdruckerwerkstatt die Katastrophe überlebt hatten. Im Morgengrauen ging der Drucker zur Stadtmauer am Meer. Die Überbleibsel des Schiffs, das Edmond de Luna nach Barcelona zurückgebracht hatte, wiegten sich im Wasser. Das Meer hatte den Rumpf abzuwracken begonnen, so dass er ihn betreten konnte wie ein Haus, dem eine Wand fehlte. Im Geisterlicht des frühen Morgens durch das Schiff gehend, fand der Drucker endlich das Gesuchte. Der Salpeter hatte einen Teil der Zeichnung zerfressen, aber der Plan des großen Bücherlabyrinths war noch intakt, so wie Edmond de Luna es entworfen hatte. Er setzte sich in den Sand und faltete ihn auseinander. Sein Geist vermochte die Komplexität und Arithmetik nicht aufzunehmen, die in dieser Illusion lagen, doch er sagte sich, es würden berühmtere Köpfe kommen, die seine Geheimnisse ergründen könnten, und dass er, bis Weisere einen Weg fänden, das Labyrinth zu retten und an den Preis der Bestie zu erinnern, die Pläne in der Familienschatulle verwahren werde, wo sie eines Tages, dessen war er sich sicher, den Labyrinthebauer finden würden, dem eine so große Herausforderung gebührte.

DER FÜRST DES PARNASS

Eine versehrte Scharlachsonne ging am Horizont unter, als der Caballero Antoni de Sempere, von allen der Büchermacher genannt, die Mauer erklomm, die die Stadt abriegelte, und das Gefolge in der Ferne näher kommen sah. Man schrieb das Jahr des Heils 1616, und ein schießpulvergesättigter Dunst wand sich über einem Barcelona aus Stein und Staub. Der Büchermacher drehte sich wieder zur Stadt um, und sein Blick verlor sich im Gewirr von Türmen, Palästen und Gassen, die im Miasma dauernder Dunkelheit schimmerten, welche nur eben von Fackeln und eng an den Mauern entlangratternden Kutschen durchbrochen wurde.

Eines Tages werden Barcelonas Mauern fallen, und die Stadt wird sich unter dem Himmel wie eine Träne aus schwarzer Farbe auf Weihwasser ausbreiten.

Der Büchermacher lächelte bei der Erinnerung an die Worte seines guten Freundes, als dieser sechs Jahre zuvor die Stadt verlassen hatte.

Ich nehme die Erinnerung mit, ein Gefangener der Schönheit seiner Straßen und ein Schuldner seiner dunklen Seele, zu der ich zurückzukommen verspreche, um die meine auszuhauchen und mich ans süßeste ihrer Vergessen zu klammern.

Das Echo der sich der Stadtmauer nähernden Hufe riss ihn aus seiner Träumerei. Der Büchermacher wandte den Blick nach Osten und erspähte das Gefolge, das bereits die Richtung zum großen San-Antonio-Tor eingeschlagen hatte.

Die schwarze Trauerkarosse war mit geschnitzten Reliefs und Figuren rund um die verglaste, mit Samtvorhängen verschleierte Kabine verziert. Zwei Reiter eskortierten sie. Vier mit Federn und Trauerflor geschmückte Pferde zogen sie, und die Räder wirbelten eine Staubwolke auf, die in der Bernsteindämmerung erglühte. Auf dem Bock zeichnete sich die Gestalt eines Kutschers mit bedecktem Gesicht ab, und hinter ihm erhob sich, die Kutsche wie eine Galionsfigur krönend, ein silberner Engel. Der Büchermacher senkte die Augen und seufzte bekümmert. Da wurde ihm bewusst, dass er nicht allein war – er brauchte nicht aufzuschauen, um zu wissen, wer der Herr neben ihm war. Er nahm den kalten Lufthauch und den Geruch nach verwelkten Blumen wahr, der ihn immer begleitete.

»Man sagt, der ist ein guter Freund, der gleichzeitig erinnern und vergessen kann«, sagte der Herr. »Ich sehe, Sie haben die Verabredung nicht vergessen, Sempere.«

»Und Sie nicht die Schuld, *Signore.*«

Der Herr trat näher, bis sein blasses Gesicht kaum noch eine Handbreit von dem des Büchermachers entfernt war, und Sempere sah sich im dunklen Spiegel dieser Pupillen, die sich verfärbten und verengten wie bei einem Wolf, der frisches Blut riecht, selbst gespiegelt. Der

Herr war um keinen Tag gealtert und trug noch dieselben eleganten Kleider. Sempere spürte einen Schauder und wäre am liebsten sofort davongelaufen, nickte aber bloß höflich.

»Wie haben Sie mich gefunden?«, fragte er.

»Der Geruch nach Druckerschwärze verrät Sie, Sempere. Haben Sie jüngst etwas Gutes gedruckt, was Sie mir empfehlen können?«

Der Büchermacher gewahrte den Band in den Händen des Herrn.

»Ich habe nur eine bescheidene Druckerei, für die Ihres Geschmacks würdige Federn unerreichbar sind. Zudem möchte man meinen, der *Signore* hat schon Lektüre für den heutigen Abend.«

Der Herr ließ ein aus spitzen weißen Zähnen geformtes Lächeln spielen. Der Büchermacher wandte den Blick zum Trauerzug, der schon beinahe die Mauer erreicht hatte. Er spürte die Hand des Herrn auf seiner Schulter und presste die Zähne zusammen, um nicht zu zittern.

»Keine Angst, mein lieber Sempere. Eher wird das Röcheln von Avellaneda und der Meute der Unglücksraben und Neider kommen, die Ihr Freund Sebastián de Comellas für die Nachwelt druckt, als die Seele meines lieben Antoni de Sempere zu der bescheidenen Herberge, die ich leite. Sie haben nichts von mir zu befürchten.«

»Etwas Ähnliches haben Sie vor sechsundvierzig Jahren zu Don Miguel gesagt.«

»Siebenundvierzig. Und ich habe nicht gelogen.«

Der Büchermacher begegnete kurz dem Blick des Herrn, und einen Traummoment lang glaubte er in dessen Gesicht eine Traurigkeit zu lesen so groß wie seine eigene.

»Und ich dachte, das wäre ein glorreicher Tag für Sie, *Signor* Corelli«, bemerkte er.

»Schönheit und Wissen sind das einzige Licht, das den elenden Stall erleuchtet, den zu durchschreiten ich gezwungen bin, Sempere. Sein Verlust ist mein größter Kummer.«

Zu ihren Füßen zog das Trauergefolge durch das San-Antonio-Tor. Mit einer Handbewegung lud der Herr den Drucker ein, sich in Bewegung zu setzen.

»Kommen Sie mit, Sempere. Heißen wir unseren guten Freund Don Miguel willkommen in dem Barcelona, das er so sehr geliebt hat.«

Und bei diesen Worten überließ sich der alte Sempere der Erinnerung und dem Gedenken an jenen fernen Tag, da er, nicht weit von hier, einen jungen Mann namens Miguel de Cervantes Saavedra kennengelernt hatte, dessen Schicksal und Erinnerung in der Nacht aller Zeiten mit seinem eigenen Schicksal und dem seines Namens verbunden sein sollte …

Barcelona 1569

Es waren Zeiten der Legende, in denen die Geschichte über keine weiteren Kniffe gebot als die Erinnerung an das nie Stattgefundene und das Leben keinen weiteren Traum als das Flüchtige, Vorübergehende kannte. In jenen Tagen trugen die angehenden Dichter Eisen im Gürtel, ritten gedanken- und ziellos dahin und träumten von Versen mit vergifteter Schneide. Damals war Barcelona ein kleiner befestigter Flecken, der zwischen Bergen voller Wegelagerer im Schoß eines Amphitheaters ruhte und sich im Rücken eines weinfarbenen, lichtdurchfluteten Meeres verbarg, auf dem sich die Piraten tummelten. Vor seinen Toren hängte man Räuber und sonstige Schurken, um vor der Gier nach fremdem Eigentum abzuschrecken, und in seinen aus den Nähten platzenden Mauern balgten sich Kaufleute, Weise, Höflinge und Adelige jeder Couleur und Abhängigkeit im Dienste eines Labyrinths aus Verschwörungen, Geld und Alchemien, dessen Ruf die Horizonte erreichte und die Sehnsüchte der bekannten wie der geträumten Welt wachrief. Es hieß, dort hätten Könige und Heilige ihr Blut vergossen, hätten Worte und Wissen eine Heimstatt gefunden und mit einer Münze in der Hand und einer Lüge auf den Lippen könne jeder Dahergelaufene zu Ruhm gelangen, mit dem Tod ins Bett gehen und gesegnet zwischen Wachtürmen und Kathedralen erwachen, um sich einen Namen und ein Vermögen zu schaffen.

An einen solchen Ort, den es niemals gab und an dessen Namen sich zu erinnern er alle Tage seines Lebens verdammt war, gelangte eines Nachts zu San Juan ein junger Adeliger mit Federn und Schwert auf einem ausgehungerten Klepper, der sich nach mehrtägigem Galopp kaum noch auf den Beinen halten konnte. Auf seinem Rücken saßen der damals besitzlose Miguel de Cervantes Saavedra, gebürtig aus nirgendwo und überall, sowie eine junge Frau, deren Antlitz einem Gemälde eines der großen Meister entnommen schien. Und der Eindruck täuschte nicht, denn später wurde ruchbar, dass das junge Mädchen Francesca di Parma hieß und Licht und Wort vor eben neunzehn Jahren in der ewigen Stadt kennengelernt hatte.

Das Schicksal wollte, dass die Schindmähre am Ende ihres heldenhaften Trabs mit schäumender Schnauze wenige Schritte vor Barcelonas Toren entseelt zusammenbrach und die beiden Liebenden, denn das war ihr geheimes Verhältnis, unter sternenübersätem Himmel auf dem Sandstrand dahingingen, bis sie zu den Stadtmauern gelangten und, als sie den Atem von tausend Feuern zum Himmel steigen und ihn die Nacht zu flüssigem Kupfer machen sahen, beschlossen, an diesem Ort, der ihnen vorkam wie ein auf Vulkans Esse erbauter Palast der Dunkelheit, Herberge und Unterkunft zu suchen.

In ähnlichen, aber weniger blumigen Worten wurde die Episode vom Eintreffen Don Miguel de Cervantes' und seiner Geliebten Francesca in Barcelona später dem geachteten Büchermacher Antoni de Sempere mit Werkstatt und Wohnstätte beim Santa-Ana-Tor berichtet, und zwar durch einen leicht hinkenden Knappen mit schlichten Zügen, eindrucksvoller Nase und lebhaftem Geist namens Sancho Fermín de la Torre, der die Bedürfnisse der Neuankömmlinge erkannte und sich guten Willens erbot, sie für ein paar Münzen zu geleiten. So kam es, dass das Paar in einem düsteren, wie ein knorriger Baumstamm gekrümmten Haus Kost und Logis fand. Und so kam es, dass der Büchermacher durch Sanchos Künste und hinter dem Rücken des Schicksals den jungen Cervantes kennenlernte, mit dem ihn bis ans Ende seiner Tage eine tiefe Freundschaft verbinden sollte.

Wenig wissen die Forscher über die Umstände vor Don Miguel de Cervantes' Eintreffen in Barcelona. Die in der Materie Kundigen berichten, dass diesem Moment in Cervantes' Leben viele Nöte vorausgegangen waren und dass ihn von Schlachten über ungerechte Verurteilungen und Gefängnisstrafen bis zum möglichen Verlust einer Hand in einem Gefecht noch viel weiteres Ungemach erwartete, bis er in der Abenddämmerung seines Lebens wenige Jahre des Friedens genießen konnte. Welche Schicksalsfügungen auch immer ihn hierher geführt haben mochten, jedenfalls kam der selbstgefällige Sancho zu dem Schluss, dass ihm ein großer Schimpf und eine noch größere Bedrohung auf den Fersen waren.

Sancho, ein Mann mit dem Hang zu warmen Liebesgeschichten und eucharistischen Festspielen mit strenger Moral, folgerte schließlich, Auslöser einer derartigen Verwicklung könne nur die Gegenwart dieser übernatürlich schönen und reizenden Frau namens Francesca sein. Ihre Haut war ein Atem von Licht, ihre Stimme ein Seufzer, der die Herzen pochen ließ, und ihr Blick und ihre Lippen eine Verheißung von Lust, deren Schilderung die

Metrik des armen Sancho überstieg, dem der Zauber der sich unter dem Seiden- und Spitzengewand abzeichnenden Formen Puls und Verstand durcheinanderbrachte. So schloss er, nach dem Genuss dieses Himmelsgiftes befinde sich der junge Dichter höchstwahrscheinlich jenseits aller Errettung, denn es konnte kein Mannsbild unter den Sternen geben, das für einen Augenblick der Muße in den Armen dieser Sirene nicht Seele und Pferd samt Steigbügeln hingegeben hätte.

»Mein lieber Cervantes, einem traurigen Ignoranten wie mir geziemt es nicht, Eurer Exzellenz zu sagen, dass ein solches Gesicht und eine solche Kreatur den Verstand jedes Mannes trüben, solange er atmet, doch die Nase, nach dem Bauch mein scharfsinnigstes Organ, lässt mich annehmen, dass man Ihnen dort, wo immer Sie ein solches Frauenexemplar entwendet haben mögen, das nicht verzeihen wird und dass es nicht genug Welt gibt, um eine so hochkarätige Venus zu verstecken«, versicherte Sancho.

Müßig zu sagen, dass nach dem Drama und seiner Inszenierung Wort und Tonlage von Sanchos Geschwätz neu gefügt und stilisiert worden sind durch die Feder dieses eures bescheidenen, sicheren Erzählers, dass aber Wesen und Weisheit seines Urteils unangetastet geblieben sind.

»Ach, mein Freund, wenn ich Ihnen erzählte …«, seufzte ein aufgeregter Cervantes.

Und erzählen tat er, denn in seinen Adern floss der Wein des Berichtens, und der Himmel hatte gewollt, dass es seine Gewohnheit war, die Dinge der Welt zuerst sich selbst darzulegen, um sie zu verstehen, und danach den anderen kundzutun, in die Musik und das Licht der Literatur gekleidet, denn er erahnte, dass das Leben, wenn schon kein Traum, so doch zumindest eine Pantomime war, wo die grausame Ungereimtheit der Geschichte immer hinter den Kulissen floss, und zwischen Himmel und Erde gab es keine größere und wirksamere Rache, als die Schönheit und den Geist mit der Macht des Wortes zu meißeln, um hinter der Sinnlosigkeit der Dinge den Sinn zu finden.

Die Schilderung, wie er auf der Flucht vor schrecklichen Gefahren nach Barcelona gelangt war und welches Herkunft und Natur dieses wundersamen Geschöpfs namens Francesca di Parma waren, ließ Don Miguel de Cervantes sieben Nächte später folgen. Auf sein Ersuchen hatte ihn Sancho mit Antoni de Sempere bekannt gemacht – offenbar hatte der junge Dichter ein dramatisches Werk verfasst, eine Art Romanze aus Verzauberung, Hellseherei und entfesselten Leidenschaften, die er dem Papier anvertraut sehen wollte.

»Es ist lebenswichtig, dass mein Werk vor dem nächsten Mondwechsel gedruckt wird, Sancho. Davon hängen mein eigenes Leben und dasjenige Francescas ab.«

»Wie kann jemandes Leben von einer Handvoll Verse und der Mondphase abhängen, Meister?«

»Glaub mir, Sancho. Ich weiß, was ich sage.«

Sancho, der insgeheim nicht an mehr Dichtungen oder Sternenkonstellationen glaubte als die, die ein gutes Essen und ein ausgiebiges Sich-im-Heu-Herumwälzen mit einer molligen, heiteren Jungfer verhießen, vertraute den Worten seines Herrn und unternahm das Nötige, um das Treffen zu arrangieren. Sie überließen die schöne Francesca dem Nymphenschlaf in ihren Gemächern und machten sich bei Einbruch der Dunkelheit auf den Weg. Sie hatten sich mit Sempere in einer Gaststätte im Schatten der großen Kathedrale der Fischer verabredet, der Basilika, die sich Santa María del Mar nannte, und dort führten sie sich in einem Winkel bei Kerzenlicht einen guten Wein und einen Laib Brot mit gesalzenem Speck zu Gemüte. Die Gäste bestanden aus Fischern, Seeräubern, Mördern und Wahnsinnigen. Gelächter, Streitereien und dicke Rauchwolken hingen im vergoldeten Halbdunkel der Schenke.

»Erzählen Sie Don Antoni das mit Ihrer Komödie«, ermunterte ihn Sancho.

»Eigentlich ist es eine Tragödie«, nuancierte Cervantes.

»Und worin besteht der Unterschied, wenn der Meister meine grobe Unwissenheit in den feinen Dichtungsgattungen entschuldigt?«

»Die Komödie lehrt uns, dass man das Leben nicht ernst nehmen darf, und die Tragödie lehrt uns, was geschieht, wenn wir dem keine Beachtung schenken, was uns die Komödie lehrt«, erläuterte Cervantes.

Sancho nickte, ohne zu blinzeln, und zog, während er wild die Zähne in den Speck schlug, den gemurmelten Schluss: »Wie groß ist doch die Dichtkunst.«

Sempere, in jenen Tagen nicht von Aufträgen verwöhnt, hörte dem jungen Dichter neugierig zu. Cervantes zog ein Bündel Blätter aus einer Mappe und zeigte sie dem Büchermacher. Der prüfte sie aufmerksam und überflog da und dort einige Wendungen und Sätze des Textes.

»Da gibt es Arbeit für mehrere Tage …«

Cervantes zog eine Börse aus dem Gürtel und ließ sie auf den Tisch fallen. Eine Handvoll Münzen erschien. Sowie das schnöde Metall im Licht der beiden Kerzen erglänzte, deckte Sancho es mit ängstlicher Miene zu.

»Um Gottes willen, Meister, zeigen Sie nicht diese Leckerbissen herum, hier wimmelt es von Ganoven und Schlächtern, die Ihnen und uns den Hals abschnitten, bloß um den Duft dieser Dublonen zu schnuppern.«

»Sancho hat recht, mein Freund«, bestätigte Sempere mit einem Blick auf die Gäste.

Cervantes steckte das Geld wieder ein und seufzte.

Sempere schenkte ihm noch ein Glas Wein ein und studierte die Seiten des Dichters jetzt eingehender. Das Werk, laut seinem Autor eine Tragödie in drei Akten und einer Epistel, trug den Titel *Ein Dichter in der Hölle* und erzählte von den Arbeiten eines jungen Florentiner Künstlers, der an der Hand von Dantes Geist in die Abgründe der Hölle eindringt, um die Seele seiner Geliebten zu retten, Tochter grausamer, korrupter Adeliger, die sie für Ruhm, Vermögen und Glanz in der endlichen irdischen Welt dem Fürsten der Dunkelheit verkauft hatten. Die Schlussszene spielte sich im Dom ab, wo der Held den leblosen Körper der Umworbenen den Klauen eines Engels aus Licht und Feuer entreißen muss.

Sancho dachte, das klinge nach unseliger Marionettenromanze, sagte aber nichts, denn er ahnte, dass in diesen

Belangen die Buchstabengeschädigten eine dünne Haut hatten und ungern Widerworte einsteckten.

»Erzählen Sie mir, wie Sie dazu gekommen sind, dieses Werk zu verfassen, mein Freund«, forderte ihn Sempere auf.

Cervantes, der sich mittlerweile drei oder vier Glas Wein genehmigt hatte, nickte. Es sprang in die Augen, dass er sein Gewissen von dem mitgeschleppten Geheimnis befreien wollte.

»Haben Sie keine Angst, mein Freund, Sancho und ich werden das Geheimnis bewahren, was es auch sein mag.«

Sancho erhob sein Glas und stieß auf das edle Gefühl an.

»Meine Geschichte ist die eines Fluches«, setzte Cervantes zögernd an.

»Wie die aller angehenden Dichter«, sagte Sempere. »Fahren Sie fort.«

»Es ist die Geschichte eines Verliebten.«

»Wie ich eben gesagt habe. Aber haben Sie keine Angst, die hat das Publikum am liebsten«, versicherte Sempere.

Sancho nickte mehrfach.

»Die Liebe ist der einzige Stein, der immer über denselben Menschen stolpert«, stimmte er zu. »Und warten Sie bloß, bis Sie das fragliche junge Mädchen sehen, Sempere.« Er unterdrückte einen Rülpser. »Eine von denen, die den Geist festigen.«

Cervantes warf ihm einen strafenden Blick zu.

»Der Herr möge mich entschuldigen«, sagte Sancho. »Das ist dieses elende Gesöff, das an meiner statt spricht.

Die Tugend und die Reinheit der Dame sind über jeden Verdacht erhaben, und Gott lasse den Himmel über meinem hohlen Kopf einstürzen, wenn ich diesbezüglich einmal irgendeinen unreinen Gedanken gehabt habe.«

Die drei Zecher schauten kurz zur Decke hinauf, und da der Schöpfer nicht Wache stand und keinerlei Ungemach eintraf, erhoben sie mit einem Lächeln erneut die Gläser, um auf den glücklichen Moment ihrer Begegnung anzustoßen. Und so kam es, dass der Wein, der die Menschen ehrlich macht, wenn sie es am wenigsten brauchen, und ihnen Mut gibt, wenn sie besser feige blieben, Cervantes dazu brachte, ihnen die Geschichte in der Geschichte zu erzählen, das, was Mörder und Verrückte die Wahrheit nennen.

Ein Dichter in der Hölle

Das Sprichwort sagt, ein Mann solle gehen, solange er noch Beine habe, sprechen, solange er noch eine Stimme habe, und träumen, solange er noch seine Unschuld bewahre, denn über kurz oder lang werde er sich nicht mehr auf den Beinen halten können, keinen Atem mehr haben und keinen Traum mehr ersehnen als die ewige Nacht des Vergessens. Mit diesen Worten als Wegzehrung, einem auf ihn ausgestellten Haftbefehl nach einem unter undurchsichtigen Umständen stattgehabten Duell und dem Feuer der jungen Jahre in den Adern brach an einem Tag des Jahres unseres

Herrn 1569 der junge Miguel de Cervantes in Madrid auf, um in den legendären Städten Italiens die Wunder, die Schönheit und die Wissenschaft zu suchen, die laut denen, welche sie kannten, dort reicher und anmutiger vertreten waren als an jedem anderen Ort auf den Karten des Reiches. Mancherlei heil- und unheilvolle Abenteuer widerfuhren ihm da, aber das größte war, dass ihm das Schicksal dieses unglaubliche Lichtgeschöpf über den Weg führte, das Francesca hieß, auf deren Lippen er Himmel und Hölle kennenlernte und in deren Begehren er sein Los für immer besiegelte.

Sie war eben neunzehn und hatte jede Hoffnung für ihr Leben verloren. Sie war die jüngste Tochter einer niederträchtigen Pariafamilie, die in einem alten, über den Wassern des Tibers hängenden Kasten in der tausendjährigen Stadt Rom dahinvegetierte. Ihre Brüder, ein bösartiges Schwindlerpack, stahlen dem lieben Gott den Tag und begingen Diebstähle und andere geringfügige Verbrechen, mit denen sie kaum einen Kanten Brot in ihren Mund brachten. Ihre Eltern, ein vorzeitig vergreistes Paar, das behauptete, sie im Herbst seines Elends gezeugt zu haben, waren zwei schäbige Heuchler, die die kleine Francesca weinend im noch lauen Schoß ihrer richtigen Mutter gefunden hatten, eines namenlosen Mädchens, das bei der Geburt des Kindes unter den Bögen der alten Brücke des Schlosses Sant'Angelo gestorben war.

Unschlüssig, ob sie den Säugling in den Fluss werfen und nur die Kupfermedaille vom Hals der Mutter mitnehmen sollten, gewahrte das Gaunerpaar die wundersame Vollkommenheit des Babys und beschloss, es zu behalten – sicherlich würden sie bei den feinsten Familien der wohlhabenden

Hofklassen für eine solche Gabe einen guten Preis erzielen. Während die Tage, Wochen und Monate verstrichen, wuchs ihre Habgier, denn mit jedem Tag offenbarten sich Schönheit und Reiz der Kleinen deutlicher, so dass ihr Wert im Kopf ihrer Räuber ständig stieg. Als sie zehn Jahre alt war, sah ein Florentiner Dichter auf Durchreise sie eines Tages zum Fluss gehen, um Wasser zu holen, nicht weit von dort, wo sie geboren worden war und ihre Mutter verloren hatte, und als er sich dem Zauber ihres Blicks ausgesetzt sah, widmete er ihr an Ort und Stelle einige Verse und verlieh ihr ihren künftigen Namen, Francesca, denn ihre Adoptivfamilie hatte sich nicht die Mühe gemacht, sie irgendwie zu taufen. So erblühte Francesca allmählich zu einer Frau köstlichen Wohlgeruchs und erlesener Erscheinung, die Gespräche und Zeit stocken ließ. Damals trübte einzig die unendliche Traurigkeit ihres Blicks das Bild einer Schönheit, die sich jeder Beschreibung entzog.

Bald begannen Künstler aus ganz Rom ihren ausbeuterischen Eltern saftige Entschädigungen anzubieten, um sie als Modell für ihre Werke zu benutzen. Bei ihrem Anblick waren sie sich sicher, dass jemand mit Talent und Handwerk, der in der Lage war, auf der Leinwand oder in Marmor auch nur ein Zehntel ihres Zaubers festzuhalten, als größter Künstler aller Zeiten in die Ewigkeit eingehen würde. Für ihre Dienste wurden immer höhere Angebote gemacht, und die ehemaligen Bettler lebten nun im Glanz neuen Reichtums, fuhren in aufsehenerregenden Prachtkutschen wie Kardinäle spazieren, trugen bunte Seidengewänder und tränkten die Schamteile mit Parfüm, um die Schmach zu tarnen, die ihre Herzen überzog.

Als sie volljährig wurde, fürchteten Francescas Eltern, den Schatz zu verlieren, der ihr Vermögen geschaffen hatte, und beschlossen, sie zur Ehe freizugeben. Statt eine Mitgift anzubieten, wie es sich damals für die Brautfamilie gehörte, waren sie so unverfroren, für die Hand und den Körper des jungen Mädchens vom Meistbietenden eine substanzielle Summe zu fordern. Eine noch nie dagewesene Versteigerung setzte ein, aus der einer der berühmtesten Maler der Stadt als Sieger hervorging, Don Anselmo Giordano. Giordano war damals schon ein Mann im letzten Hauch der Reife, dessen Körper und Seele von jahrzehntelangen Ausschweifungen gezeichnet und dessen Herz von Habsucht und Neid vergiftet war, da er sich trotz all des Glücks, Vermögens und Lobes, die ihm sein Werk eingebracht hatte, insgeheim wünschte, sein Name und sein Ruf möchten die Leonardos übertreffen.

Der große Leonardo war bereits seit fünfzig Jahren tot, doch Anselmo Giordano hatte den Tag nie vergessen und verzeihen können, an dem er als Jugendlicher ins Atelier des Meisters gegangen war, um sich als Lehrling zu verdingen. Leonardo prüfte einige Skizzen des jungen Mannes und fand freundliche Worte für ihn. Der Vater des jungen Anselmo war ein angesehener Bankier, dem Leonardo ein paar Gefälligkeiten schuldig war, und der junge Bursche war überzeugt, seine Anstellung im Atelier des bedeutendsten Malers seiner Zeit sei dadurch gesichert. Doch zu seiner großen Überraschung verkündete ihm Leonardo nicht ohne Traurigkeit, er erkenne in seinem Strich zwar einiges Talent, aber nicht genügend, um sich von den tausendundein Bewerbern abzuheben, die es gleich ihm nie auch nur bis zur Mittelmäßigkeit bringen würden. Er sagte ihm, sicher habe er einigen Ehrgeiz, aber nicht genügend, um sich von den tausendundein Lehrlingen abzuheben, die es nie vermögen würden, die nötigen Opfer zu bringen, um das Licht der echten Inspiration zu verdienen. Und zum Schluss sagte er, vielleicht könne er einiges an Handwerk lernen, aber nie genügend, um ein Leben lang einen Beruf auszuüben, in dem es nur den Genies gelinge, mehr schlecht als recht zu überleben.

»Junger Anselmo«, sagte Leonardo, »meine Worte sollen Sie nicht traurig machen, sehen Sie in ihnen vielmehr einen Segen, denn die Position Ihres liebenswürdigen Vaters wird Sie auf Lebzeiten zu einem reichen Mann machen, der für seinen Unterhalt nicht mit Pinsel und Meißel wird kämpfen müssen. Sie werden ein glücklicher Mann sein, ein von seinen Mitbürgern geliebter und geachteter Mann, aber nie werden Sie, auch nicht mit allem Gold der Welt, ein Genie sein. Es gibt kaum ein grausameres und bittereres Los als das eines mittelmäßigen Künstlers, der sein ganzes Leben lang seine Konkurrenten beneidet und verflucht. Vergeuden Sie Ihr Leben nicht mit einem unglückbringenden Los. Lassen Sie die anderen, die nicht anders können, Kunst und Schönheit erschaffen. Und mit der Zeit werden Sie mir meine Aufrichtigkeit zu verzeihen lernen, die Sie heute schmerzt, Sie aber morgen, wenn Sie sie guten Willens annehmen, vor Ihrer eigenen Hölle erretten wird.«

Mit diesen Worten fertigte Meister Leonardo den jungen Anselmo ab, der stundenlang mit Tränen der Wut durch die Straßen Roms irrte. Als er nach Hause zurückkam, verkündete er seinem Vater, er wolle nicht bei Leonardo studieren, da er in ihm nichts als einen Schwindler sehe, der für eine Masse von Ignoranten, die nichts von echter Kunst verstünden, Dutzendware herstelle.

»Ich werde ein reiner Maler sein, nur für die Erwählten, die die Tiefe meines Mühens begreifen.«

Sein Vater, ein geduldiger Mann und wie alle Bankiers ein besserer Kenner der menschlichen Natur als der weiseste der Kardinäle, umarmte ihn und sagte, er solle nichts fürchten, nie werde es ihm an etwas mangeln, weder an Brot noch an Bewunderern oder Lob für sein Werk. Und vor seinem Tod sorgte der Bankier dafür, dass dem so war.

Anselmo Giordano verzieh Leonardo nie – ein Mann ist fähig, alles zu verzeihen, außer dass man ihm die Wahrheit sagt. Fünfzig Jahre später waren sein Hass und sein Wunsch, den falschen Meister in Verruf zu bringen, größer denn je.

Als Anselmo Giordano von Poeten und Malern die Legende von der jungen Francesca vernahm, schickte er seine Bediensteten mit einer Tasche voller Goldmünzen zu der Familie und erbat sich ihr Erscheinen. Die Eltern der jungen Frau, herausgeputzt wie Zirkusaffen beim Besuch des Hofes von Mantua, wurden in Begleitung Francescas, die nur in bescheidene Lumpen gehüllt war, bei Giordano vorstellig. Als er seine Augen auf sie richtete, begann ihm das Herz bis in den Hals hinauf zu schlagen. Alles, was er gehört hatte, traf zu, ja wurde noch übertroffen. Eine derartige Schönheit gab es nicht auf Erden und hatte es nie gegeben, und er wusste, wie nur ein Künstler es wissen kann, dass ihr Reiz nicht, wie jedermann glaubte, von dieser Haut und diesem gemeißelten Körper ausging, sondern von der Kraft und dem Licht, die ihrem Inneren, ihren traurigen, verzweifelten Augen, ihren vom Schicksal versiegelten Lippen entströmten.

Francesca di Parma beeindruckte Meister Giordano so sehr, dass er sie sich auf keinen Fall entgehen lassen und auch nicht erlauben durfte, dass sie einem anderen Künstler saß, dieses Naturwunder durfte nur ihm und sonst niemandem gehören. Nur so würde er ein Werk zustande bringen, das ihm größere Anerkennung einträge, als die Menschen dem Werk des nichtigen, niederträchtigen Leonardo zollten. Nur so würde sein Ruhm und Ruf den des verstorbenen Leonardo übersteigen, dessen Namen er nicht mehr öffentlich zu verunglimpfen bräuchte, denn einmal auf dem Gipfel angelangt, wäre er es, der es sich leisten könnte, ihn zu vergessen und zu behaupten, sein Werk sei nie etwas anderes gewesen als Nahrung für Einfaltspinsel und Narren. Und so fertigte Giordano ein Angebot aus, das die goldensten Träume von Francescas vorgeblichen Eltern in den Schatten stellte. Die Hochzeit, die in der Kapelle von Giordanos Palast stattfinden sollte, wurde auf eine Woche später angesetzt. Bei diesen Verhandlungen sprach Francesca kein einziges Wort.

Sieben Tage später strich der junge Cervantes auf der Suche nach Inspiration durch die Stadt, als sich das Geleit einer großen goldenen Kutsche einen Weg durch die Menge bahnte. Beim Überqueren der Via del Corso blieb der Zug einen Augenblick stehen, und da erblickte er sie. Francesca di Parma, in die köstlichsten Seidengewänder gehüllt, die die Florentiner Handwerker gewirkt hatten, betrachtete ihn schweigend durchs Kutschenfenster. So groß war die Tiefe der Traurigkeit, die er in ihrem Blick las, so mächtig die Kraft dieses geraubten Geistes, der in sein Gefängnis geführt wurde, dass Cervantes die kühle Gewissheit hatte, er habe erstmals in seinem Leben eine Spur seiner wirklichen Bestimmung gefunden, und zwar im Antlitz einer Unbekannten.

Als das Gefolge abzog, erkundigte sich Cervantes, wer dieses Wesen sei, und die Passanten erzählten ihm Francesca di Parmas Geschichte. Da erinnerte er sich, Gerede und Gerüchte über sie gehört, ihnen aber keinen Glauben geschenkt, sondern sie der lüsternen Phantasie einheimischer Dramatiker zugeschrieben zu haben. Doch die Legende stimmte. Die erhabene Schönheit hatte sich in einem schlichten Mädchen einfacher Herkunft verkörpert, und wie zu erwarten gewesen war, hatten die Menschen ihr Elend und ihre Erniedrigung noch verstärkt. Der junge Cervantes wollte dem Zug zum Palast folgen, doch es gebrach ihm an Kraft. Für ihn waren das Fest und der Trubel darum herum Trauermusik, und alles, was er sah, erschien ihm nur als die tragische Vernichtung von Schönheit und Vollkommenheit durch die Habsucht, Erbärmlichkeit und Unwissenheit der Menschen. Er kehrte in seine Herberge zurück, entgegen der Menge, die die Hochzeit außerhalb der Palastmauern des berühmten Malers mitbekommen wollte; es hatte sich seiner eine Traurigkeit bemächtigt, die fast der gleichkam, die er im Blick des namenlosen jungen Mädchens entdeckt hatte.

In dieser Nacht, während Meister Giordano Francesca di Parmas Körper von den Seidenstoffen entblößte, die ihn einhüllten, und ungläubig und geil jeden Zentimeter ihrer Haut liebkoste, stürzte das Haus ihrer ehemaligen Familie, das an gewagter Stelle über dem Tiber erbaut war, unter dem Gewicht des auf ihre Kosten angehäuften Schatzes und Flitters ein und mit sämtlichen darin gefangenen Mitgliedern ins eisige Wasser des Flusses hinunter, so dass niemand sie je wieder erblickte.

Nicht weit von dort griff Cervantes, unfähig einzuschlafen, im Licht einer Öllampe zu Papier und Tinte, um über das zu schreiben, was er an diesem Tag gesehen hatte. Hände und Wort versagten ihm jedoch, als er den Eindruck zu beschreiben versuchte, den der kurze Blickwechsel mit dem jungen Mädchen Francesca in der Via del Corso in ihm hervorgerufen hatte. Die ganze Kunst, die er zu besitzen glaubte, zerfiel ihm unter der Feder, und kein einziges Wort blieb auf der Seite stehen. Da sagte er sich, wenn er vielleicht einmal in der Lage wäre, in seiner Literatur nur ein Zehntel der Magie dieser Erscheinung festzuhalten, würden sein Name und Ruhm sich unter diejenigen der größten Dichter der Geschichte reihen und ihn zum König der Erzähler machen, zu einem Fürsten des Parnass, dessen Licht das verlorene Paradies der Literatur erleuchten und nebenbei den widerlichen Ruf des heimtückischen Dramatikers Lope de Vega auslöschen würde, dem Reichtum und Glorie unaufhörlich lächelten und der seit frühester Jugend noch nie dagewesene Erfolge einheimste, während er selbst kaum einen Vers zustande brachte, der nicht das Papier beschämte, auf das er ihn geschrieben hatte. Als er Augenblicke später die Schwärze seines Wunsches erkannte, schämte er sich seiner Eitelkeit und des ungesunden Neides, der ihn zerfraß, und sagte sich, er sei kein besserer Mensch als der alte Giordano, der in diesem Moment wohl gerade mit seinen Betrügerlippen den verbotenen Honig leckte und mit zittrigen, schandebesudelten Händen die mit seinen Dublonen geraubten Geheimnisse erforschte.

Gott, so nahm er an, habe in seiner unendlichen Grausamkeit Francesca di Parmas Schönheit den Menschenhänden überlassen, um sie an ihre hässlichen Seelen, ihre elenden Bestrebungen und widerlichen Wünsche zu erinnern.

Die Tage vergingen, ohne dass die Erinnerung an diese kurze Begegnung aus seinem Gedächtnis zu tilgen war. Er versuchte, an seinem Schreibtisch zu arbeiten und die Teile eines Dramas zusammenzufügen, das das Publikum zufriedenstellen und seine Phantasie packen könnte wie die, die Lope ohne sichtbare Mühe verfasste, doch alles, was sein Geist hervorzurufen vermochte, war der Verlust, den Francesca di Parmas Bild seinem Herzen eingepflanzt hatte. Auf Kosten des geplanten Dramas brachte seine Feder Seite um Seite einer trüben Romanze hervor, in deren Versen er die verlorene Geschichte des jungen Mädchens zu rekonstruieren versuchte. In seiner Erzählung hatte Francesca keine Erinnerung, sondern war ein weißes Blatt, ihre Person ein noch zu schreibendes Schicksal, das nur er sich ausdenken konnte, eine Verheißung von Reinheit, die ihm den Willen zurückgeben würde, an etwas Sauberes, Unschuldiges zu glauben in einer Welt von Lug und Trug, von Schäbigkeit und Verdammung. Die Nächte verbrachte er schlaflos und geißelte die Phantasie, straffte die Saiten des Geistes bis zur Erschöpfung, doch im Morgengrauen überlas er die vollgeschriebenen Seiten und warf sie ins Feuer, denn er wusste, dass sie es nicht verdienten, das Tageslicht mit dem Geschöpf zu teilen, das sie inspiriert hatte und sich in dem Gefängnis langsam aufzehrte, das Giordano, den er nie gesehen hatte, aber von ganzem Herzen hasste, in seinen Palastmauern für sie errichtet hatte.

Die Tage häuften sich zu Wochen und die Wochen zu Monaten, und bald war seit Anselmo Giordanos und Francesca di Parmas Hochzeit ein halbes Jahr verstrichen, ohne dass jemand in Rom die beiden wiedergesehen hatte. Man wusste, dass die besten Händler der Stadt an den Palastpforten Vorräte ablieferten und von Tommaso, dem persönlichen Diener des Meisters, empfangen wurden. Man wusste, dass Antonio Mercantis Werkstatt den Meister wöchentlich mit Leinwand und anderem Arbeitsmaterial versorgte. Doch keine Menschenseele konnte behaupten, den Maler oder seine junge Gattin persönlich gesehen zu haben. Als die Verbindung sechs Monate alt war, befand sich Cervantes in den Räumen eines bekannten Theaterimpresarios, dem mehrere große Bühnen in der Stadt unterstanden und der immer auf der Suche nach neuen talentierten Hungerleiderautoren war, die bereit waren, für ein Almosen zu arbeiten. Dank der Empfehlung mehrerer Kollegen hatte Cervantes eine Audienz bei Don Leonello bekommen, einem extravaganten Edelmann mit schwülstigem Gehabe und vornehmer Gewandung, der auf seinem Schreibtisch Glasflakons mit angeblichen intimen Sekretionen großer Kurtisanen sammelte, deren Tugend er in ihrer Blüte geerntet hatte, und der am Revers eine kleine Brosche in der Form eines Engels trug. Leonello ließ ihn stehend warten, während er die Seiten des Dramas überflog und Langeweile und Verachtung heuchelte.

»*Ein Dichter in der Hölle*«, murmelte der Impresario. »Das hat man bereits gesehen. Andere haben diese Geschichte vor Ihnen und besser als Sie erzählt. Was ich suche, ist, sagen wir, Innovation. Kühnheit. Vision.«

Cervantes wusste aus Erfahrung, dass die, die in der Kunst

diese edlen Tugenden zu suchen vorgaben, sie normalerweise am allerwenigsten erkennen konnten, aber er wusste ebenfalls, dass ein leerer Magen und eine leichte Börse auch dem Gerissensten Argumente und Rhetorik nehmen. Wenn ihm sein Instinkt etwas sagte, dann, dass Leonello, der wie ein alter Fuchs aussah, jedenfalls eindeutig in Aufregung versetzt war durch die Art des Materials, das er ihm gebracht hatte.

»Es tut mir leid, dass ich Euer Hochwohlgeboren habe Zeit verlieren lassen ...«

»Nicht so eilig«, unterbrach ihn Leonello. »Ich habe gesagt, dass man das bereits gesehen hat, nicht aber, dass es, sagen wir, ein Mist ist. Sie haben einiges Talent, aber es fehlt Ihnen am Handwerk. Und was Sie auch nicht haben, ist, sagen wir, Geschmack. Und keinen Sinn für den richtigen Augenblick.«

»Ich danke Ihnen für Ihre Großzügigkeit.«

»Und ich Ihnen für den Sarkasmus, Cervantes. Sie Spanier sind übermäßig stolz, und es fehlt Ihnen an Konstanz. Geben Sie nicht so schnell auf. Lernen Sie von Ihrem Landsmann Lope de Vega. Wie er leibt und lebt, so sagt man bei Ihnen doch.«

»Ich werde daran denken. Sehen Euer Hochwohlgeboren also eine geringe Möglichkeit, mein Werk anzunehmen?« Leonello lachte herzlich.

»Können Schweine vielleicht fliegen? Niemand will Stücke sehen, die, sagen wir, vor Verzweiflung triefen und einem weismachen wollen, dass das Herz der Menschen faul ist und dass man selbst und die anderen die Hölle sind, Cervantes. Man geht ins Theater, um zu lachen, um zu weinen und daran erinnert zu werden, wie gut und edel man ist. Sie haben Ihre Naivität noch nicht verloren und glauben, Sie müssten, sagen wir, die Wahrheit verkünden. Das wird Ihnen mit den Jahren vergehen, so hoffe ich wenigstens, denn ich sähe Sie ungern auf dem Scheiterhaufen brennen oder in einem Gefängnis verfaulen.«

»Also glauben Sie nicht, dass mein Werk jemanden zu interessieren vermöchte ...«

»Das habe ich nicht gesagt. Sagen wir, ich kenne jemanden, der sich vielleicht dafür interessieren könnte.«

Cervantes spürte seinen Puls schneller schlagen.

»Wie vorhersehbar ist doch der Hunger«, seufzte Leonello.

»Im Gegensatz zu den Spaniern kennt der Hunger keinen Stolz, und er strotzt vor Konstanz«, entgegnete Cervantes.

»Sehen Sie? Sie haben doch ein wenig Handwerk. Sie können eine Sentenz umdrehen und eine, sagen wir, dramatische Linie der Replik konstruieren. Das ist zwar etwas für Anfänger, aber mancher bereits aufgeführte Tölpel kann nicht einmal einen unbemerkten Abgang schreiben ...«

»Dann können Sie mir also helfen, Don Leonello? Ich kann alles machen, und ich lerne schnell.«

»Das bezweifle ich nicht ...«

Leonello musterte ihn zweifelnd.

»Alles, Euer Hochwohlgeboren. Ich bitte Sie darum ...«

»Da gibt es etwas, was Sie vielleicht interessieren könnte. Es birgt aber seine, sagen wir, Risiken.«

»Das Risiko schreckt mich nicht. Wenigstens nicht mehr als das Elend.«

»In diesem Fall ... Ich kenne da einen Caballero, mit dem

ich, sagen wir, ein Abkommen habe. Wenn mir eine junge Verheißung mit einem gewissen Potential über den Weg läuft wie, sagen wir, Sie, schicke ich den Mann zu ihm, und er, sagen wir, verdankt es mir. Auf seine Art.«

»Ich bin ganz Ohr.«

»Das ist es ja, was mir Sorgen macht ... Es verhält sich so, dass besagter Caballero, sagen wir, gerade kurz in der Stadt weilt.«

»Ist der Caballero ein Theaterimpresario wie Euer Hochwohlgeboren?«

»Sagen wir, etwas Ähnliches. Ein Verleger.«

»Noch besser ...«

»Wenn Sie meinen. Er hat Niederlassungen in Paris, Rom und London und ist stets auf der Suche nach einer ganz speziellen Art von Talent. Sagen wir, wie das Ihre.«

»Ich bin Ihnen außerordentlich dankbar für ...«

»Bedanken Sie sich nicht. Suchen Sie ihn auf und sagen Sie ihm, dass ich Sie geschickt habe. Aber sputen Sie sich. Ich weiß, dass er nur ein paar Tage in der Stadt weilt ...«

Leonello schrieb einen Namen auf ein Blatt und reichte es ihm.

Andreas Corelli
Stampa della Luce

»Sie werden ihn bei Einbruch der Dämmerung in der Locanda Borghese finden.«

»Glauben Sie, dass ihn mein Werk interessieren wird?«

Leonello lächelte rätselhaft.

»Viel Glück, Cervantes.«

Als es Abend wurde, schlüpfte Cervantes in die einzigen sauberen Kleider, die er noch hatte, und machte sich auf den Weg zur Locanda Borghese, einer von Gärten und Kanälen umgebenen Villa nicht weit von Don Anselmo Giordanos Palast. Ein umsichtiger Diener überraschte ihn unten an der Freitreppe mit der Ankündigung, er werde erwartet, Andreas Corelli werde ihn in wenigen Augenblicken in einem der Salons empfangen. Cervantes malte sich aus, Leonello sei vielleicht doch gutherziger, als es den Anschein mache, und habe dem befreundeten Verleger eine Empfehlungsnote zu seinen Gunsten geschickt. Der Diener führte ihn in eine große ovale Bibliothek im Halbdunkel, die von einem Feuer gewärmt wurde, dessen kräftiger Bernsteinglanz über die unendlichen Bücherwände tanzte. Vor dem Feuer standen zwei große Sessel, und nach kurzem Zögern setzte sich Cervantes in einen von ihnen. Das hypnotische Ballett des Feuers und sein warmer Atem lullten ihn ein. Nach zwei Minuten bemerkte er, dass er nicht allein war. Im anderen Sessel saß eine große, kantige Gestalt. Der Mann war in Schwarz gekleidet und trug am Revers einen silbernen Engel, wie er ihn am Nachmittag bei Leonello gesehen hatte. Als Erstes fielen ihm seine Hände auf, die größten, die er je erblickt hatte, weiß und mit langen, schmalen Fingern. Das Zweite waren die Augen. Zwei Spiegel mit dem Widerschein der Flammen und seinem eigenen Gesicht, die nie blinzelten und die Zeichnung der Pupillen zu verändern schienen, ohne dass sich auch nur der geringste Gesichtsmuskel bewegte.

»Der gute Leonello sagt mir, Sie seien ein Mann mit großem Talent und wenig Geld.«

Cervantes schluckte.

»Lassen Sie sich durch mein Aussehen nicht beunruhigen, Señor Cervantes. Der Schein trügt nicht immer, macht aber fast immer dumm.«

Cervantes nickte schweigend. Corelli lächelte, ohne die Lippen zu öffnen.

»Sie bringen mir ein Theaterstück. Irre ich mich?«

Cervantes reichte ihm das Manuskript und sah Corelli beim Lesen des Titels lächeln.

»Es ist eine erste Fassung«, sagte Cervantes.

»Nicht mehr«, erwiderte Corelli, während er blätterte.

Cervantes sah, wie der Verleger ruhig las und dabei ab und zu lächelte oder überrascht die Brauen hochzog. Auf dem Tisch zwischen den beiden Sesseln schienen wie aus dem Nichts ein Glas und eine Flasche Wein erlesener Farbe aufgetaucht zu sein.

»Bedienen Sie sich, Cervantes. Nicht nur von Buchstaben lebt der Mensch erbärmlich.«

Cervantes kredenzte sich den Wein und führte das Glas zum Mund. Ein süßes, berauschendes Bouquet überschwemmte seinen Gaumen. In drei Schlucken hatte er den Wein ausgetrunken und verspürte das unwiderstehliche Bedürfnis, sich noch mehr einzuschenken.

»Ohne Scheu, mein Freund. Ein Glas ohne Wein ist eine Beleidigung des Lebens.«

Bald wusste Cervantes nicht mehr, wie viele Gläser er schon getrunken hatte. Eine angenehme, erquickende Schläfrigkeit hatte sich seiner bemächtigt, und durch die halb zugefallenen Lider sah er Corelli im Manuskript weiterlesen. In der Ferne schlug es Mitternacht. Kurz danach fiel der Vorhang tiefen Schlafes, und Cervantes überließ sich der Stille.

Als er die Augen wieder öffnete, zeichnete sich Corellis Gestalt vor dem Feuer ab. Sein Manuskript in der Hand, stand der Verleger mit dem Rücken zu ihm vor den Flammen. Cervantes verspürte eine leichte Übelkeit, den süßlichen Nachgeschmack des Weins im Hals, und er fragte sich, wie viel Zeit vergangen sein mochte.

»Eines Tages werden Sie ein Meisterwerk verfassen, Cervantes«, sagte Corelli. »Das da ist es aber nicht.«

Und ohne weitere Worte warf er das Manuskript ins Feuer. Cervantes stürzte auf die Flammen zu, doch das Prasseln hielt ihn zurück. Er sah, wie das Ergebnis seiner Mühen unwiederbringlich verbrannte, die tintengeschwärzten Zeilen sich flammenblau färbten und Schwaden weißen Rauchs wie Schlangen über die Seiten zogen. Trostlos ließ er sich auf die Knie fallen, und als er sich umwandte, sah er, wie ihn der Verleger mitleidig betrachtete.

»Manchmal muss ein Schriftsteller tausend Seiten verbrennen, ehe er eine zustande bringt, die es verdient, seinen Namen zu tragen. Sie haben ja noch kaum angefangen. Ihr Werk erwartet Sie auf der Schwelle zur Reife.«

»Sie hatten kein Recht, das zu tun.«

Corelli lächelte und streckte ihm die Hand hin, um ihm beim Aufstehen zu helfen. Cervantes zögerte, doch dann ergriff er sie.

»Sie sollen etwas für mich schreiben, mein Freund. Ganz ohne Eile. Auch wenn Sie dazu Jahre benötigen, und das werden Sie. Mehr, als Sie annehmen. Etwas, was zu Ihrem Ehrgeiz und Ihren Wünschen passt.«

»Was wissen Sie von meinen Wünschen?«

»Wie fast alle angehenden Dichter sind auch Sie ein offenes Buch, Cervantes. Aus diesem Grund, weil mir Ihr *Dichter in der Hölle* wie eine Kinderspielerei vorkommt, wie Masern, die heilen, möchte ich Ihnen ein verbindliches Angebot machen. Ein Angebot, damit Sie ein Werk auf Ihrem Niveau schreiben – und auf meinem.«

»Sie haben alles verbrannt, was ich in monatelanger Arbeit zustande gebracht habe.«

»Und ich habe Ihnen damit einen Gefallen erwiesen. Und jetzt, Hand aufs Herz, sagen Sie mir, ob Sie wirklich glauben, dass ich nicht recht habe.«

Nach einiger Zeit nickte Cervantes.

»Und sagen Sie mir, ob ich mich irre, wenn ich behaupte, Sie trügen im Herzen die Hoffnung, ein Werk zu schaffen, das dasjenige Ihrer Rivalen überstrahlt, das den Namen Lope und seinen fruchtbaren Geist trübt ...«

Cervantes wollte protestieren, doch die Worte fanden nicht zu den Lippen. Corelli lächelte ihm wieder zu.

»Sie brauchen sich deswegen nicht zu schämen. Und keine Rede davon, dieser Wunsch mache Sie zu jemandem wie Giordano ...«

Verwirrt schaute Cervantes auf.

»Natürlich kenne ich die Geschichte von Giordano und seiner Muse«, sagte Corelli und kam damit seiner Frage zuvor. »Ich kenne sie, weil ich den alten Meister schon seit vielen Jahren kenne, länger, als Sie auf der Welt sind.«

»Anselmo Giordano ist ein Schuft.«

Corelli lachte.

»Nein, das ist er nicht. Er ist einfach ein Mann.«

»Ein Mann, der es verdient, für seine Verbrechen zu büßen.«

»Glauben Sie? Sagen Sie mir nicht, Sie wollten sich auch mit ihm duellieren.«

Cervantes erbleichte. Wie konnte der Verleger wissen, dass er Madrid vor Monaten verlassen hatte, weil er vor einem Haftbefehl infolge eines Duells floh, an dem er teilgenommen hatte? Corelli lächelte ihm nur maliziös zu und zeigte anklagend mit dem Finger auf ihn.

»Und welche Verbrechen schreiben Sie denn dem unglücklichen Giordano zu, außer seinem Hang, nach dem Geschmack von Kaufleuten und Bischöfen bukolische Szenen mit Ziegen, der Muttergottes und kleinen Hirten zu malen und zur Freude der Gemeinde während des Gebets Madonnen mit schwellender Büste?«

»Er hat dieses arme Mädchen entführt und hält sie in seinem Palast gefangen, um seine Habsucht und seine Niederträchtigkeit zu befriedigen. Um sein mangelndes Talent zu verstecken. Um seine Schande zu übertünchen.«

»Wie schnell doch die Menschen mit Urteilen über ihresgleichen zur Hand sind bei Handlungen, die sie selbst ebenfalls begingen, wenn sie nur die Chance dazu hätten ...«

»Ich würde nie tun, was er getan hat.«

»Sind Sie sicher?«

»Absolut.«

»Würden Sie es wagen, sich auf die Probe stellen zu lassen?«

»Ich verstehe Sie nicht ...«

»Sagen Sie, Señor Cervantes, was wissen Sie über Francesca di Parma? Und beschenken Sie mich nicht mit dem

Gedicht von der entehrten Jungfer und ihrer grausamen Kindheit. Sie haben mir schon bewiesen, dass Sie die Grundbegriffe des Theaters beherrschen ...«

»Ich weiß bloß ..., dass sie es nicht verdient, in einem Gefängnis zu leben.«

»Ist es vielleicht wegen ihrer Schönheit? Adelt die sie etwa?«

»Wegen ihrer Lauterkeit. Wegen Ihrer Güte. Wegen ihrer Unschuld.«

Corelli leckte sich die Lippen.

»Sie haben immer noch Zeit, die Literatur aufzugeben und Priester zu werden, mein lieber Cervantes. Besseres Gehalt, schöne Gemächer, von den warmen, reichhaltigen Mahlzeiten ganz zu schweigen. Man muss einen sehr starken Glauben haben, um Dichter zu sein. Mehr, als Sie bekunden.«

»Sie machen sich über alles lustig.«

»Nur über Sie, Cervantes.«

Cervantes stand auf und machte Anstalten, zur Tür zu gehen.

»Dann lasse ich Euer Hochwohlgeboren allein, damit Sie nach Herzenslust lachen können.«

Cervantes war beinahe bei der Tür angelangt, als diese vor seiner Nase so heftig zuschlug, dass es ihn zu Boden warf. Er konnte sich nur mit Mühe aufrichten, als er Corelli über ihn gebeugt sah, zwei Meter einer kantigen Gestalt, die drauf und dran schien, sich auf ihn zu stürzen und ihn in Stücke zu reißen.

»Stehen Sie auf«, befahl er.

Cervantes gehorchte. Die Augen des Verlegers schienen sich verändert zu haben. Zwei große schwarze Pupillen breiteten sich über seinen Blick aus. Noch nie hatte Cervantes solche Angst gehabt. Er tat einen Schritt zurück und stieß an die Bücherwand.

»Ich will Ihnen eine Chance geben, Cervantes. Die Chance, Sie selbst zu werden und aufzuhören, über Wege zu irren, die Sie dazu brächten, Leben zu leben, die nicht das Ihre sind. Und wie bei jeder Chance ist die Wahl am Ende Ihre Angelegenheit. Nehmen Sie mein Angebot an?«

Cervantes zuckte die Schultern.

»Mein Angebot ist folgendes. Sie werden ein Meisterwerk schreiben, doch um das zu tun, werden Sie verlieren müssen, was Sie am meisten lieben. Ihr Werk wird gefeiert werden, beneidet und nachgeahmt für alle Zeiten, aber in Ihrem Herzen wird sich eine Leere auftun, die tausendmal größer ist als der Ruhm und die Eitelkeit Ihres Geistes, denn erst dann werden Sie den wahren Charakter Ihrer Gefühle begreifen, und erst dann werden Sie wissen, ob Sie, wie Sie meinen, ein besserer Mensch als Giordano und alle diejenigen sind, die wie er zuvor vor ihrem eigenen Spiegelbild auf die Knie gefallen sind, als sie diese Herausforderung annahmen ... Nehmen Sie an?«

Cervantes versuchte den Blick von Corellis Augen loszureißen.

»Ich höre Sie nicht.«

»Ich nehme an«, hörte Cervantes sich sagen.

Corelli gab ihm die Hand, und Cervantes drückte sie. Die Finger des Verlegers schlossen sich um die seinen wie eine Spinne, und er spürte im Gesicht Corellis kalten Atem, der nach umgegrabener Erde und verwelkten Blumen roch.

»Jeden Sonntag um Mitternacht öffnet Tommaso, Giordanos Diener, die Tür, die auf die zwischen den Bäumen verborgene Gasse im Osten des Palasts herausführt, und geht ein Fläschchen Tonikum holen, das der Quacksalber Avianno aus Gewürzen und Rosenwasser für Giordano herstellt und mit dem er das Feuer der Jugend wiedererlangen zu können glaubt. Das ist die einzige Nacht in der Woche, da das Gesinde und die Wache des Meisters freihaben, und die nächste Schicht kommt erst am frühen Morgen. In der halben Stunde, die der Diener draußen ist, bleibt die Tür offen, und niemand bewacht den Palast ...«

»Und was erwarten Sie von mir?«, stammelte Cervantes.

»Die Frage ist, was Sie von sich selbst erwarten, mein Lieber. Ist das das Leben, das Sie leben wollen? Ist das der Mann, der Sie sein wollen?«

Die Flammen im Kamin zuckten und erloschen, auf den Bibliothekswänden rückten die Schatten wie Tintenflecken vor und hüllten Corelli ein. Als Cervantes zu einer Antwort ansetzte, war er schon allein.

An diesem Sonntag wartete er zwischen den Bäumen verborgen, die den Palast säumten. Noch hatte es zwölf Uhr nicht zu Ende geschlagen, als eine kleine Seitentür aufging, wie Corelli vorhergesagt hatte, und die gebeugte Gestalt des alten Dieners gassab zu gehen begann. Cervantes wartete, bis sich sein Schatten in der Nacht verloren hatte, und glitt zur Tür. Er legte die Hand auf die Klinke und drückte sie nieder. Wie Corelli ebenfalls gesagt hatte, ging die Tür auf. Cervantes warf einen letzten Blick zurück und trat ein im Glauben, nicht gesehen worden zu sein. Sowie sich die Tür hinter ihm geschlossen hatte, stellte er fest, dass ihn vollkommene Dunkelheit einhüllte, und er verfluchte seinen

Mangel an gesundem Menschenverstand, da er keine Kerze oder Lampe mitgenommen hatte. Er tastete sich die Mauern entlang, die feucht und glitschig waren wie die Eingeweide einer Bestie, bis er auf die erste Stufe einer offenbar spiralförmigen Treppe stieß. Langsam stieg er hinan, und kurz darauf zeichnete sich in einer schwachen Helligkeit ein steinerner Bogen ab, der zu einem großen Korridor führte. Der Boden war schachbrettartig mit großen weißen und schwarzen Marmorrhomben ausgelegt. Wie ein Bauer, der durch einen Spielzug heimlich vorrückt, drang Cervantes weiter in den großen Palast vor. Er hatte noch nicht einmal die Galerie ganz hinter sich gebracht, als er neben den Wänden Bilder und Rahmen auf dem Boden liegen sah, die ihm wie die durch den ganzen Palast verstreuten Überreste eines Schiffbruchs erschienen. Er ging dicht an Gemächern und Salons vorüber, wo sich auf Regalen, Tischen und Stühlen unfertige Porträts stapelten. Eine in die oberen Stockwerke führende Marmortreppe war überschwemmt von zerstörten Gemälden, auf einigen noch die Reste der Wut sichtbar, mit der ihr Schöpfer sie vernichtet hatte. Als er zur zentralen Halle gelangte, sah sich Cervantes am Fuß eines großen, dunstigen Mondlichtbündels, das durch die Kuppel des Palasts gefiltert wurde, wo Tauben umherflatterten und das Echo ihrer Flügel auf Gänge und Zimmer in ruinösem Zustand warfen. Er kniete vor einem der Porträts nieder und erkannte auf der Leinwand das verwaschene Gesicht – halbfertig wie alle Bildnisse von Francesca di Parma.

Cervantes schaute sich um und sah Hunderte wie dieses, alle verworfen und liegengelassen. Da ging ihm auf, warum niemand den Meister Giordano wiedergesehen hatte. In seinem Bemühen, die verlorene Inspiration zurückzugewinnen und Francesca di Parmas Leuchtkraft festzuhalten, hatte der Künstler mit jedem Pinselstrich mehr den Verstand verloren. Sein Wahnsinn hatte auf den überall verstreuten Bildern Spuren hinterlassen.

»Ich habe Sie schon seit langem erwartet«, sagte eine Stimme hinter ihm.

Cervantes wandte sich um. Ein hagerer Alter mit langem verfilzten Haar, schmutzigen Kleidern und geröteten glasigen Augen beobachtete ihn lächelnd in einer Ecke des Salons. Er saß auf dem Boden, einzig in Gesellschaft eines Glases und einer Weinflasche. Meister Giordano, einer der berühmtesten Maler seiner Zeit, in seinem eigenen Heim zum verrückten Bettler geworden.

»Sie sind gekommen, um sie mitzunehmen, nicht wahr?«, fragte er.

Cervantes fand keine Antwort. Der alte Maler schenkte sich ein weiteres Glas ein und hob es zum Toast.

»Mein Vater hat diesen Palast für mich erbaut, wissen Sie. Er sagte, er würde mich vor der Welt schützen. Aber wer schützt uns vor uns selbst?«

»Wo ist Francesca?«

Der Maler schaute ihn lange an und nippte mit sardonischem Ausdruck am Wein.

»Glauben Sie wirklich, Sie hätten Erfolg, wo so viele andere gescheitert sind?«

»Ich will keinen Erfolg, Meister. Nur ein Mädchen befreien, das es nicht verdient, an einem solchen Ort zu leben.«

»Prachtvolle Noblesse von einem, der sogar sich selbst belügt.«

»Ich bin nicht hierhergekommen, um mit Ihnen zu streiten, Meister. Wenn Sie mir nicht sagen, wo sie ist, werde ich sie schon finden.«

Giordano trank das Glas aus und nickte.

»Ich werde Sie nicht zurückhalten, junger Mann.«

Giordano blickte zu der Treppe, die sich im Dunst zur Kuppel hinaufzog. Cervantes spähte ins Halbdunkel und erblickte sie. Francesca di Parma, eine lichte Erscheinung in der Dunkelheit, stieg langsam herunter, nackt und barfuß. Eilig zog Cervantes seinen Umhang aus, bedeckte sie damit und umschlang sie mit den Armen. Die unendliche Traurigkeit ihres Blicks heftete sich auf ihn.

»Der Caballero möge diesen verfluchten Ort verlassen, solange es noch Zeit ist«, flüsterte sie.

»Ich werde gehen, aber in Ihrer Gesellschaft.«

In seiner Ecke applaudierte Giordano.

»Prachtvolle Szene. Die Geliebten um Mitternacht auf der Treppe zum Himmel.«

Francesca sah den alten Maler, den Mann, der sie ein halbes Jahr lang gefangen gehalten hatte, zärtlich und ohne eine Spur von Groll an. Giordano lächelte sanft, wie ein verliebter Jugendlicher.

»Verzeih mir, mein Engel, dass ich nicht gewesen bin, was du verdient hast.«

Cervantes wollte die junge Frau fortziehen, doch sie hatte den Blick weiterhin auf ihren Entführer gerichtet, einen Mann, der in den letzten Zügen zu liegen schien. Giordano füllte sein Glas abermals und bot es ihr an.

»Ein letzter Schluck zum Abschied, mein Engel.« Francesca löste sich aus Cervantes' Umarmung, ging zu Giordano und kniete neben ihm nieder. Sie streckte die Hand aus und streichelte sein runzeliges Gesicht. Der Maler schloss die Augen und verlor sich in dieser Berührung. Vor dem Gehen nahm Francesca das Glas entgegen und trank von dem angebotenen Wein, langsam, die Augen geschlossen, das Glas mit beiden Händen haltend. Dann ließ sie es fallen, so dass es zu ihren Füßen in tausend Scherben zersplitterte. Cervantes hielt sie fest, und sie überließ sich ihm. Ohne dem Maler einen letzten Blick zu schenken, steuerte Cervantes mit dem jungen Mädchen im Arm auf die Eingangstür des Palastes zu. Als sie ins Freie traten, erwarteten ihn Wachen und Bedienstete. Keiner machte Anstalten, ihn aufzuhalten. Eine der bewaffneten Wachen hielt ein schwarzes Pferd am Zaum und bot es ihm an. Cervantes zögerte, ehe er es annahm. Sowie er es tat, öffneten sich die Reihen der Wachen, die ihm schweigend zuschauten. Francesca in den Armen, stieg er auf. Er trabte schon nach Süden, als die Flammen aus der Palastkuppel züngelten und Roms Himmel mit Scharlach und Asche überzogen.

Tagsüber ritten sie, und die Nächte verbrachten sie in Herbergen und Gasthöfen, wo sie dank den Münzen, die Cervantes in den Satteltaschen gefunden hatte, vor der Kälte und dem Argwohn Zuflucht fanden. Erst nach ein paar Tagen bemerkte Cervantes den Mandelgeruch auf Francescas Lippen und die dunklen Ringe, die um ihre Augen wuchsen. Jeden Abend, wenn ihm das junge Mädchen hingebungsvoll ihre Nacktheit schenkte, war Cervantes bewusst, dass sich dieser Körper in seinen Händen verflüchtigte, dass das Glas Gift, mit dem Giordano sie und sich selbst vom Fluch hatte befreien wollen, in ihren Adern brannte und sie aufzehrte.

Auf ihrer weiteren Reise stiegen sie in den besten Hotels ab, wo Ärzte und Weise sie untersuchten, ohne ihre Krankheit diagnostizieren zu können. Tagsüber erlosch Francesca, war kaum fähig, zu sprechen oder die Augen offen zu halten, und nachts erstand sie im Halbdunkel des Betts wieder auf, verhexte die Sinne des Dichters und lenkte seine Hände. Am Ende der zweiten Woche ihres Weges fand er sie an dem See, der sich neben ihrer Herberge erstreckte, unter dem Regen dahingehen. Das Wasser rann ihr über den Körper, und sie erhob mit ausgebreiteten Armen das Gesicht zum Himmel, als erwarte sie, dass ihr die perlenden Tropfen auf der Haut die verfluchte Seele ausrissen.

»Du musst mich hier verlassen«, sagte sie. »Mich vergessen und deinen Weg fortsetzen.«

Doch Cervantes, der das Licht des jungen Mädchens täglich schwächer werden sah, gelobte sich, ihr nie auf Wiedersehen zu sagen, sondern um ihr Leben zu kämpfen, solange in ihrem Körper ein Hauch bliebe. Damit sie weiterhin ihm gehöre. Als sie die Pyrenäen nach Spanien überquerten, einen Schritt neben der Mittelmeerküste, und auf Barcelona zuritten, hatte er bereits hundert Seiten eines Manuskripts beisammen, an dem er jede Nacht schrieb, während er ihr beim Schlafen zusah, gefangen in einem schlechten Traum. Er spürte, dass seine Worte, die Bilder und Düfte, die sein Schreiben heraufbeschwor, noch die einzige Möglichkeit waren, sie am Leben zu erhalten. Allnächtlich, wenn Francesca in seinen Armen von der Müdigkeit übermannt wurde und sich dem Schlaf überließ, versuchte Cervantes fieberhaft, in tausendundein Phantasien ihre Seele wiederzuschreiben. Als Tage später sein Pferd nahe Barcelonas Mauern tot zusammenbrach, war das Drama, das er verfasst hatte, vollendet, und Francesca schien wieder Kraft und Farbe im Blick gewonnen zu haben. Beim Reiten hatte er wachen Sinnes geträumt, in dieser Stadt am Meer würde er Zuflucht und Hoffnung finden, eine befreundete Seele würde ihm jemanden entdecken helfen, der sein Manuskript druckte, und erst wenn die Leute seine Geschichte läsen und sich in seinem Universum von Bildern und Versen verlören, würden die Francesca, die er mit Papier und Tinte geschaffen hatte, und das Mädchen, das jede Nacht in seinen Armen mit dem Tod rang, eins werden, und er würde in eine Welt zurückkehren, in der Fluch und Not mit der Kraft des Wortes besiegt werden könnten und Gott, wo immer er sich verbärge, ihm erlaubte, einen weiteren Tag an ihrer Seite zu leben.

(Auszug aus
Die geheimen Chroniken der Stadt der Verdammten
Von Ignatius B. Samson
Ausgabe von Barrido y Escobillas Verlags AG,
Barcelona 1924)

Barcelona 1569

Zwei Tage später wurde Francesca di Parma unter einem rotglühenden Himmel beerdigt, der über dem ruhigen Meer schwebte und die Kerzen auf den im Hafen vor Anker liegenden Schiffen zum Brennen brachte. In der Nacht war das junge Mädchen in Cervantes' Armen gestorben, in dem Zimmer, das sie ganz oben in einem alten Haus in der Calle Ancha bewohnten. Der Drucker Antoni de Sempere und Sancho waren bei ihm, als sie zum letzten Mal die Augen öffnete und ihm mit einem Lächeln zuflüsterte: »Befreie mich.«

An diesem Nachmittag hatte Sempere den Druck der zweiten Fassung von *Ein Dichter in der Hölle* abgeschlossen, einer dreiaktigen Romanze aus Don Miguel de Cervantes Saavedras Feder, und hatte nun ein Exemplar mitgebracht, um es seinem Autor zu zeigen, der nicht einmal seinen Namen auf dem Titelblatt lesen mochte. Der Drucker, dessen Familie nahe der ehemaligen Puerta de Santa Madrona in der Calle de Trenta Claus eine kleine Parzelle besaß, bot ihm an, das junge Mädchen auf diesem bescheidenen Friedhof zu beerdigen, auf dem in den schlimmsten Zeiten der Inquisition die Familie Sempere Bücher vor dem Scheiterhaufen gerettet hatte, indem sie sie in den Särgen versteckt und diese in einer Art Bücherfriedhof und -heiligtum bestattet hatten. Voller Dankbarkeit nahm Cervantes an.

Nachdem er am folgenden Tag zum zweiten und letzten Mal seinen *Dichter in der Hölle* auf dem Sandstrand verbrannt hatte, wo eines Tages der Bakkalaureus Sansón Carrasco den geistvollen Hidalgo Alonso Quijano schlagen sollte, verließ Cervantes die Stadt und brach mit Francescas Erinnerung und Licht in der Seele auf.

Barcelona 1610

Es sollten vier Jahrzehnte vergehen, bis Miguel de Cervantes wieder in die Stadt zurückkehrte, in der er seine Unschuld begraben hatte. Eine Schwemme von Unheil, Misserfolgen und Mühen hatte die Erzählung seiner Tage gesäumt. Die Wohltat der Anerkennung in ihrer schäbigsten, knausrigsten Form war ihm erst in fortgeschrittener Reife zuteilgeworden. Und während sein bewunderter Zeitgenosse, der Dramatiker und Abenteurer Lope de Vega, seit seiner Jugend Ruhm, Reichtum und Glorie verbucht hatte, konnte Cervantes die Lorbeeren erst allzu spät genießen, denn Applaus hat nur einen Wert, wenn er im gerechten Moment eintrifft. Als welke Spätblume ist er nichts als Beleidigung und Schimpf.

Ums Jahr 1610 konnte sich Cervantes endlich als berühmten Literaten sehen, wenn auch von bescheidenstem Vermögen, denn das gemeine Metall hatte ihn ein Leben lang gemieden und schien sich in seinen letzten Jahren keines Besseren besinnen zu wollen. Ironie des Schicksals beiseite – die Gelehrten sagen, Cervantes sei in diesen knapp drei Monaten glücklich gewesen, die er 1610 in Barcelona verbrachte, aber es fehlt auch nicht an denen, die bezweifeln, dass er die Stadt je wirklich betrat, und an solchen, die sich scheinheilig entrüsten würden angesichts der Unterstellung, dass auch nur ein einziges in dieser bescheidenen apokryphen Romanze geschildertes Ereignis irgendwann oder irgendwo außerhalb der dekadenten Phantasie eines unseligen Schreiberlings stattgefunden habe.

Wenn wir jedoch der Legende glauben und die Münze der Phantasie und des Traums akzeptieren sollen, können wir versichern, dass Cervantes in diesen Tagen eine kleine Studierstube gegenüber der Hafenmauer bewohnte, mit hohen, aufs Mittelmeerlicht hinaus geöffneten Fenstern, die sich nicht weit von dem Zimmer befanden, wo Francesca di Parma in seinen Armen gestorben war, und dass er sich täglich hinsetzte, um eines seiner Werke zu verfassen, die ihm so enormen Ruhm eintragen sollten, vor allem jenseits der Grenzen des Reichs, wo er das Licht der Welt erblickt hatte. Das Haus, in dem er wohnte, gehörte seinem alten Freund Sancho, jetzt ein erfolgreicher Kaufmann mit sechs Söhnen und einem freundlichen Wesen, das ihm nicht einmal der Umgang mit den ganzen Schändlichkeiten der Welt hatte nehmen können.

»Und was schreiben Sie denn so, Meister?«, fragte Sancho jeden Tag, wenn er ihn auf die Straße heraustreten sah. »Meine Frau Gemahlin wartet immer noch auf neue Mantel-und-Degen-Abenteuer unseres lieben Hidalgo von der Mancha …«

Cervantes lächelte bloß und beantwortete die Frage nie.

Wenn es Abend wurde, ging er manchmal zu der Druckerei, die der alte Antoni de Sempere und sein Sohn in der Calle de Santa Ana neben der Kirche betrieben. Cervantes verbrachte seine Zeit gern zwischen Büchern und noch ungebundenen Seiten, unterhielt sich mit seinem Druckerfreund und vermied es, die Erinnerung zur Sprache zu bringen, die beiden noch lebhaft im Gedächtnis haftete.

Eines Abends, als es Zeit war, die Werkstatt bis zum nächsten Tag zu schließen, schickte Sempere seinen Sohn nach Hause und verschloss die Türen. Der Drucker schien beunruhigt, und Cervantes wusste, dass seinem guten Freund seit Tagen etwas im Kopf herumging.

»Neulich ist hier ein Caballero erschienen und hat nach Ihnen gefragt«, begann Sempere. »Weißes Haar, sehr groß, mit Augen …«

»… wie die eines Wolfs«, ergänzte Cervantes.

Sempere nickte.

»Sie sagen es. Er gab sich als Freund von Ihnen aus und würde Sie gern sehen, wenn Sie in die Stadt kämen … Ich könnte Ihnen nicht sagen, warum, aber sobald er gegangen war, befiel mich eine große Angst, und ich kam auf den Gedanken, es handle sich um jemanden, von dem Sie dem guten Sancho und mir in einer unseligen Nacht in einer Schenke bei der Basilika Santa María del Mar erzählt haben. Müßig zu sagen, dass er einen kleinen Engel am Revers trug.«

»Ich dachte, Sie hätten diese Geschichte vergessen, Sempere.«

»Ich vergesse nicht, was ich drucke.«

»Sie sind doch wohl nicht auf die Idee gekommen, ein Exemplar zu behalten, hoffe ich.«

Sempere lächelte lau. Cervantes seufzte.

»Was hat Ihnen Corelli denn dafür geboten?«

»Genug, um mich zurückzuziehen und mein Geschäft Sebastián Comellas' Söhnen zu überlassen und so ein gutes Werk zu tun.«

»Und haben Sie es ihm verkauft?«

Als einzige Antwort wandte Sempere sich um, ging in eine Ecke der Werkstatt, wo er niederkniete, einige Bretter im Boden löste, einen in Lappen gehüllten Gegenstand hervorzog und vor Cervantes auf den Tisch legte. Der Romancier schaute sich das Bündel einige Sekunden an, und auf ein Nicken von Sempere hin löste er die Lappen und enthüllte das einzige verbliebene Exemplar von *Ein Dichter in der Hölle.*

»Darf ich das mitnehmen?«

»Es gehört Ihnen. Weil Sie der Autor sind und als Quittung für die Bezahlung der Ausgabe.«

Cervantes schlug das Buch auf und überflog die ersten Zeilen.

»Ein Dichter ist das einzige Wesen, das mit den Jahren das Sehvermögen zurückgewinnt«, sagte er.

»Werden Sie sich mit ihm treffen?«

»Habe ich eine andere Wahl?«

Zwei Tage später machte er sich wie stets am Morgen auf einen langen Spaziergang durch die Stadt, obwohl ihn Sancho darauf hingewiesen hatte, dass laut den Fischern über dem Meer ein Gewitter im Anzug war. Am Mittag begann es heftig zu regnen aus schwarzen Wolken, die im Zucken der Blitze und im Krachen der Donnerschläge pulsierten, welche auf die Mauern einhämmerten und die Stadt niederreißen zu wollen schienen. Cervantes suchte in der Kathedrale Zuflucht. Sie war menschenleer, und er setzte sich auf eine Bank in einer Seitenkapelle, wo im Halbdunkel Hunderte brennender Kerzen Wärme spendeten. Es überraschte ihn nicht, als er Andreas

Corelli neben sich sitzen sah, den Blick auf das Kruzifix über dem Altar gerichtet.

»Für Euer Hochwohlgeboren vergehen die Jahre nicht«, sagte Cervantes.

»Für Ihren Witz auch nicht, mein lieber Freund.«

»Aber vielleicht für mein Gedächtnis – ich muss vergessen haben, wann Sie und ich Freunde waren.«

Corelli zuckte die Schultern.

»Da haben Sie ihn, gekreuzigt, um für die Sünden der Menschen zu büßen, ohne Groll, und Sie sind nicht fähig, diesem armen Teufel zu verzeihen …« Cervantes warf ihm einen ernsten Blick zu. »Sagen Sie jetzt nicht, dass die Blasphemie Sie beleidigt.«

»Die Blasphemie beleidigt nur den, der sie zur Verhöhnung der anderen von sich gibt.«

»Ich habe nicht die Absicht, Sie zu verhöhnen, mein lieber Cervantes.«

»Was haben Sie also vor, *Signor* Corelli?«

»Sie um Verzeihung zu bitten?«

Ein langes Schweigen trat ein.

»Um Verzeihung bittet man ohne Worte.«

»Ich weiß. Es sind auch keine Worte, was ich anbiete.«

»Es wird Sie nicht stören, dass meine Begeisterung nachlässt, wenn ich das Wort ›anbieten‹ höre.«

»Warum sollte mich das stören?«

»Vielleicht ist Euer Hochwohlgeboren wahnsinnig geworden nach dem Lesen von so vielen Messbüchern und hat zu glauben begonnen, dass Euer Gnaden durch dieses Jammertal reitet, um das Unrecht auszumerzen, das unser Retter da uns allen hinterlassen hat, als er das sinkende Schiff verließ.«

Corelli bekreuzigte sich und lächelte, wobei er seine spitzen Eckzähne entblößte.

»Amen«, sagte er.

Cervantes stand auf und schickte sich an, sich mit einer Verneigung zurückzuziehen.

»Die Gesellschaft ist angenehm, werter Arcangelo, doch unter den gegenwärtigen Umständen habe ich doch lieber die von Blitz und Donner, um das Gewitter in Ruhe zu genießen.«

Corelli seufzte.

»Hören Sie sich zuvor mein Angebot an.«

Langsam ging Cervantes auf den Ausgang zu. Vor ihm schloss sich sanft das Tor der Kathedrale.

»Diesen Trick hab ich schon mal gesehen.«

Corelli erwartete ihn im Halbdunkel vor dem Ausgang, in Schatten getaucht. Nur seine im Kerzenschein glühenden Augen waren sichtbar.

»Sie haben einmal verloren, was Sie am meisten liebten oder zu lieben glaubten, für die Möglichkeit, ein Meisterwerk zu verfassen.«

»Ich hatte nie die Wahl. Sie haben mich belogen.«

»Die Wahl lag immer bei Ihnen, mein Freund. Und Sie wissen es.«

»Machen Sie die Tür auf.«

»Die Tür ist offen. Sie können hinaus, wann immer es Ihnen beliebt.«

Cervantes streckte die Hand aus und stieß die Tür auf. Wind und Regen spuckten ihm ins Gesicht. Er hielt einen

Augenblick inne, ehe er hinaustrat, und im Dunkeln flüsterte ihm Corellis Stimme ins Ohr:

»Ich habe Sie vermisst, Cervantes. Mein Angebot ist einfach: Greifen Sie wieder zur Feder, die Sie haben ruhen lassen, und schlagen Sie erneut die Seiten auf, die Sie nie hätten weglegen dürfen. Lassen Sie Ihr unsterbliches Werk auferstehen, und bringen Sie die Abenteuer von Quijote und seinem getreuen Knappen zu Ende, zum Vergnügen und Trost dieses armen Lesers, den Sie von Witz und Erfindungsgabe verwaist zurückgelassen haben.«

»Die Geschichte ist beendet, der Hidalgo beerdigt und meine Stimme erschöpft.«

»Tun Sie es mir zuliebe, und ich werde Ihnen die Gesellschaft dessen zurückgeben, was Sie am meisten geliebt haben.«

Cervantes schaute vor dem Kathedraleneingang dem geisterhaften Gewitter bei seinem Ritt über die Stadt zu.

»Versprechen Sie das?«

»Ich schwöre es. In Gegenwart meines Vaters und Herrn.«

»Und worin besteht der Trick diesmal?«

»Diesmal gibt es keine Tricks. Diesmal werde ich Ihnen für die Schönheit Ihrer Schöpfung das geben, wonach Sie sich am meisten sehnen.«

Und so brach der alte Romancier unter dem Gewitter zu seiner Bestimmung auf.

Barcelona 1616

An diesem letzten Abend begleiteten der alte Sempere und Andreas Corelli unter den Sternen Barcelonas das Trauergefolge durch die engen Gassen der Stadt zum Privatfriedhof der Familie Sempere, wo viele Jahre zuvor drei Freunde mit einem unaussprechlichen Geheimnis die sterblichen Überreste Francesca di Parmas bestattet hatten. Still bewegte sich die Kutsche im Licht der Fackeln voran, und die Leute traten zur Seite. Sie fuhren durch das Gewirr von Passagen und Plätzen, die zu dem kleinen, mit einem lanzenbewehrten Gittertor verschlossenen Friedhof führten. Davor blieb die Kutsche stehen. Die beiden eskortierenden Reiter stiegen vom Pferd und luden mit Hilfe des Kutschers den Sarg ab, der keine Inschrift oder sonst ein Merkmal trug. Sempere schloss das Friedhofstor auf und ließ sie hinein. Sie geleiteten den Sarg zum offenen Grab, das unter dem Mond wartete, und setzten ihn ab. Auf ein Zeichen Corellis hin zogen sich die Vasallen zum Friedhofstor zurück und überließen Sempere der Gesellschaft des Verlegers. Da hörte man vor dem Gitter Schritte, und als Sempere sich umdrehte, erblickte er den alten Sancho, der gekommen war, um sich von seinem Freund zu verabschieden. Corelli nickte, und die Wachen ließen ihn durch. Als die drei vor dem Sarg standen, kniete Sancho nieder und küsste den Deckel.

»Ich möchte ein paar Worte sagen«, flüsterte er.

»Bitte«, antwortete Corelli.

»Gott möge einen großen Mann und noch besseren

Freund in seiner unendlichen Seligkeit haben. Und wenn, angesichts der hier Vereinigten, Gott in Hierarchien fragwürdigen Ranges Aufgaben delegiert, dann mögen es die Ehre und die Wertschätzung seiner Freunde sein, die ihn auf dieser seiner letzten Reise ins Paradies begleiten, und seine unsterbliche Seele möge sich nicht verirren auf Schwefel- und Flammenpfaden durch Trick und Kniff eines ausrangierten Engels, denn bei Gott, wenn dem so wäre, würde ich mich selbst mit Rüstung und Lanze versorgen und ihn erlösen kommen, wie viele Fallen mir die Bosheit des Höllenfürstes auch in den Weg legte.«

Corelli schaute ihn kalt an. Obwohl halbtot vor Angst, hielt Sancho seinem Blick stand.

»Ist das alles?«, fragte Corelli.

Sancho nickte und hielt sich die Hände, um ihr Zittern zu verbergen. Sempere schaute forschend zu Corelli empor. Der Verleger trat an den Sarg und öffnete ihn zu aller Überraschung und Beunruhigung.

Drinnen lag Cervantes' Leiche in ein Franziskanergewand gehüllt, das Gesicht entblößt. Die Augen waren geöffnet, und eine Hand lag auf der Brust. Corelli hob sie und legte das Buch darunter, das er mitgebracht hatte.

»Mein Freund, ich gebe Ihnen diese Seiten zurück, den sublimen, abschließenden dritten Teil der allergrößten der Fabeln, die Sie für diesen bescheidenen Leser zu schreiben die Güte hatten, der wohl weiß, dass die Menschen solche Schönheit nie verdienen werden. Darum bestatten wir ihn mit Ihnen, damit Sie ihn mitnehmen zur Begegnung mit dem, was diese ganzen Jahre auf Sie gewartet hat und zu dem Sie, wissentlich oder unwissentlich, immer haben zurückkehren wollen. So erfüllen sich Ihre größte Sehnsucht, Ihre Bestimmung und Ihre endliche Belohnung.«

Nach diesen Worten verschloss Corelli den Sarg.

»Hier liegen Francesca di Parma, eine lautere Seele, und Miguel de Cervantes, Licht unter den Dichtern, Bettler unter den Menschen und Fürst des Parnass. Sie werden Frieden finden zwischen Büchern und Worten, ohne dass ihre ewige Ruhe je gestört noch von den übrigen Sterblichen gekannt werden wird. Dieser Ort soll ein Geheimnis sein, ein Rätsel, dessen Anfang und Ende niemand kennt. Und immer möge in ihm der Geist des besten Geschichtenerzählers leben, der je die Erde betreten hat.«

Jahre später sollte der alte Sempere auf seinem Totenbett erklären, wie er in diesem Augenblick Andreas Corelli eine Träne vergießen zu sehen glaubte, die beim Auftreffen auf Cervantes' Sarg zu Stein erstarrte. Da wurde ihm klar, dass er auf diesem Kiesel ein Heiligtum erbauen würde, einen Friedhof der Gedanken und Erfindungen, der Worte und Wunder, der auf der Asche des Fürsten des Parnass wachsen würde, und dass er eines Tages die größte aller Bibliotheken beherbergen würde, in der jedes verfolgte oder von der Ignoranz und Bosheit der Menschen verschmähte Werk eine Heimstatt fände und auf die Wiederbegegnung mit dem Leser wartete, den jedes Buch in sich trägt.

»Lieber Cervantes«, sagte er zum Abschied. »Willkommen auf dem Friedhof der vergessenen Bücher.«

Diese Erzählung ist ein schlichtes Divertissement, das mit einigen der am wenigsten bekannten und dokumentierten Elementen aus dem Leben des großen Schriftstellers spielt, insbesondere seiner Reise nach Italien in seiner Jugend und seines Aufenthalts (oder seiner Aufenthalte) in der Stadt Barcelona, der einzigen, die er in seinem Werk wiederholt erwähnt.

Im Unterschied zu seinem bewunderten Zeitgenossen Lope de Vega, der seit seinen ersten Jahren große Erfolge verzeichnete, kam Cervantes' Feder erst spät zur Entfaltung und fand wenig Entschädigung und Anerkennung.

Die letzten Jahre von Miguel de Cervantes Saavedras Leben waren die fruchtbarsten seiner bewegten literarischen Karriere. Nach der Veröffentlichung des ersten Teils von Don Quijote von der Mancha, 1605, vielleicht des berühmtesten Werks der Literaturgeschichte und Vorläufer des modernen Romans, gestattete ihm eine Periode relativer Ruhe und Anerkennung, 1613 die Exemplarischen Novellen und ein Jahr später Die Reise zum Parnass zu veröffentlichen.

1615 erscheint der zweite Teil des Don Quijote. Im Jahr darauf stirbt Miguel de Cervantes in Madrid und wird, so wenigstens glaubte man jahrelang, im Kloster der Barfüßertrinitarierinnen beerdigt.

Es gibt keine Gewissheit, dass Cervantes jemals einen dritten Teil seiner genialsten Schöpfung geschrieben hat.

Bis zum heutigen Tag weiß man nicht genau, wo seine sterblichen Überreste wirklich ruhen.

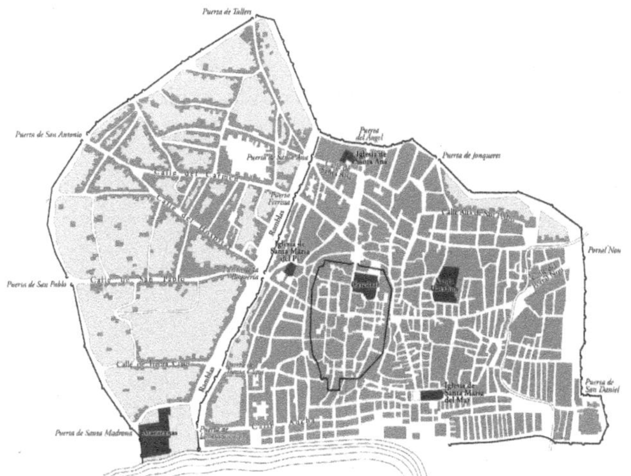

Puerta de Tallers
Puerta de San Antonio
Puerta de Santa Ana
Calle del Carmen
Puerta Ferrisa
Ramblas
Puerta de San Pablo
Calle de San Pablo
Iglesia de Santa María del Pi
Puerta del Angel
Iglesia de Santa Ana
Puerta de Jonqueres
Portal Nou
Iglesia de Santa María del Mar
Puerta de San Daniel
Puerta de Santa Madrona

EINE WEIHNACHTSGESCHICHTE

Es gab eine Zeit, in der die Straßen Barcelonas bei Einbruch der Dunkelheit in Gaslicht getaucht wurden und die Stadt am Morgen inmitten eines Waldes aus Fabrikschloten erwachte, der den Himmel giftig scharlachrot färbte. Barcelona erinnerte damals an eine Felsküste, geformt aus Kirchen und Palästen in einem verschlungenen Labyrinth aus Gassen und Tunneln, über denen ewiger Nebel lag. Aus dem Dunst ragte ein großer Turm mit kathedralisch anmutenden Spitzgiebeln, einem gotischen Helm, Wasserspeiern und Fensterrosen hervor, in dessen oberstem Stockwerk der reichste Mann der Stadt lebte, der Anwalt Eveli Escrutx.

Jede Nacht zeichnete sich seine Silhouette hinter den goldenen Lamellen der Dachfenster ab, von wo aus er wie ein dunkler Wächter die Stadt zu seinen Füßen betrachtete. Escrutx hatte bereits in jungen Jahren ein Vermögen gemacht, indem er die Interessen von Mördern mit blütenweißer Weste, Finanzhaien aus Übersee und Industriellen aus dem neuen Zeitalter der Dampfmaschinen und Stoffindustrie vertrat. Es hieß, die hundert mächtigsten Familien Barcelonas zahlten ihm jährlich eine erhebliche Summe, damit er ihnen mit Rat und Tat zur Seite stand, und machthungrige Staatsmänner und

Generäle jeglicher Couleur stünden Schlange, um in seinem Arbeitszimmer in der Spitze des Turms empfangen zu werden. Er schlafe nie, erzählte man sich, sondern durchwache die Nächte und blicke von seinem Fenster auf Barcelona hinab. Angeblich hatte er den Turm seit dem Tod seiner Ehefrau vor dreiunddreißig Jahren nicht mehr verlassen. Der Verlust habe ihm das Herz zerrissen, er verachte alles und jeden und sei nur getrieben von dem Wunsch, zuzusehen, wie die Welt an ihrer eigenen Habgier und Niedertracht zugrunde ging.

Escrutx hatte weder Freunde noch Vertraute. Seine einzige Gesellschaft dort oben im Turm war Candela, seine blinde Dienerin. Böse Zungen behaupteten, sie sei eine Hexe und streife durch die Gassen der Altstadt, um mit Süßigkeiten arme Kinder anzulocken, die man dann nie wieder sah. Die einzige bekannte Leidenschaft des Anwalts neben der Dienerin und ihren geheimen Künsten war das Schachspiel. Jedes Jahr an Heiligabend lud der Anwalt einen Bürger Barcelonas zu sich in den Turm ein. Er kredenzte ein köstliches Mahl, begleitet von traumhaften Weinen. Wenn es auf Mitternacht zuging und die Glocken der Kathedrale läuteten, servierte Escrutx zwei Gläser Absinth und forderte seinen Gast zu einer Schachpartie heraus. Sollte der Aspirant gewinnen, verpflichtete sich der Anwalt, ihm sein gesamtes Vermögen zu überlassen. Für den Fall der Niederlage indes musste der Gast einen Vertrag unterzeichnen, der dem Anwalt den Besitz und die Verfügungsgewalt über seine unsterbliche Seele übereignete. Jeden Heiligabend.

Auf der Suche nach einem Herausforderer fuhr Candela in der schwarzen Kutsche des Anwalts durch die Straßen Barcelonas. Bettler oder Bankbeamter, Mörder oder Dichter, das tat nichts zur Sache. Die Partie dauerte oftmals bis in den frühen Weihnachtsmorgen. Wenn sich dann die Sonne blutrot über den verschneiten Dächern des Gotischen Viertels zeigte, begriff der Gegner unweigerlich, dass er das Duell verloren hatte. Er ging auf die kalten Straßen hinaus, während der Anwalt eine smaragdgrüne Kristallflasche nahm und mit dem Namen des Verlierers versah, um sie dann in eine Vitrine zu stellen, die bereits Dutzende identischer Flaschen enthielt.

An jenem Weihnachtsfest, so erzählt man sich, dem letzten seines langen Lebens, schickte Anwalt Escrutx aufs Neue seine treue Candela mit den weißen Augäpfeln und den schwarzen Lippen durch die Straßen, um nach einem Opfer zu suchen. Dichtes Schneetreiben lag über Barcelona und seinen vereisten Gesimsen und Dächern. Scharen von Fledermäusen flatterten um die gewaltigen Türme der Kathedrale, und das Mondlicht ergoss sich wie flüssiges Kupfer in die engen Gassen. Am Fuß der Calle del Obispo hielten die schwarzen Pferde, von denen die Kutsche gezogen wurde, abrupt an und schnaubten ängstlich, so dass ihr Atem in eisigen Schwaden aufstieg. Eine Gestalt löste sich aus der Dunkelheit, ihr langer Brautschleier schien mit dem Weiß des Schnees zu verschmelzen. In der Hand hielt sie einen Strauß roter Rosen. Candela war wie betäubt von ihrem Duft und forderte die Unbekannte auf, in die Kutsche zu steigen. Sie wollte ihr Gesicht berühren, doch sie traf nur auf Eis und eisbehauchte Lippen. Die Dienerin brachte sie zum

Turm, der sich damals über den Ruinen eines ehemaligen Friedhofs in der Nähe der Calle Aviñón erhob.

Als Anwalt Escrutx die Unbekannte sah, so erzählt man sich, verstummte er und befahl Candela, sich zurückzuziehen. Der Gast dieses letzten Heiligabends schlug den Schleier zurück und Anwalt Escrutx, eine alte Seele, sein Blick vor Verbitterung getrübt, glaubte das Antlitz seiner verlorenen Ehefrau zu erkennen, das dort wie Milch und Blut leuchtete. Als er die Unbekannte nach ihrem Namen fragte, lächelte diese nur. Nach einer Weile waren die Mitternachtsglocken zu vernehmen, und die Partie begann. Später hieß es, der Anwalt sei bereits müde gewesen und habe sich absichtlich besiegen lassen. Es sei Candela gewesen, die, wie von Sinnen vor Eifersucht, das Feuer gelegt habe, das den Turm vernichten sollte und eine glühende Morgendämmerung über den purpurnen Himmel Barcelonas brachte. Einige Kinder, die sich um ein Feuer auf der Plaza San Jaime geschart hatten, schworen, dass sie Anwalt Escrutx gesehen hatten, kurz bevor die Flammen aus den Turmfenstern schlugen. Er sei auf die von Alabasterengeln bekrönte Balustrade getreten und habe die smaragdgrünen Fläschchen geöffnet. Fedrige Dunstschleier seien aufgestiegen und hätten sich über den Dächern Barcelonas zu Tränen aufgelöst. Feuerschlangen seien den Turm hinaufgezüngelt, und zum letzten Mal seien die Umrisse von Anwalt Escrutx zu sehen gewesen, wie er eine Frau aus Feuer umarmte, ehe sie sich vom Turm in die Tiefe stürzten. Ihre Körper seien zu Asche zerstoben und vom Wind davongetragen worden, bevor sie auf dem Pflaster zerschellen konnten.

Der Turm sank im Morgengrauen in sich zusammen wie ein Skelett aus Schatten.

Die Legende besagt schließlich, dass nur wenige Tage nach dem Einsturz des Turms eine Verschwörung aus Schweigen und Vergessen den Namen des Anwalts für immer aus den Geschichtsbüchern der Stadt getilgt habe. Dichter und Menschen reinen Geistes beteuern, man könne noch heute, wenn man an Heiligabend in den Himmel blickt, die gespenstische Silhouette des in Flammen stehenden Turms erahnen und beobachten, wie Anwalt Escrutx, blind vor Tränen und Reue, das erste smaragdgrüne Fläschchen seiner Sammlung öffnet, welches seinen eigenen Namen trug. Andere versichern, dass nach jenem verfluchten Morgengrauen viele Menschen zu den Ruinen des Turms strömten, um ein rauchendes Trümmerstück einzustecken, und dass noch immer das Rumpeln von Candelas Kutsche in den düsteren Schatten der dunklen Altstadt zu hören sei, wo sie Ausschau nach dem nächsten Opfer halte.

ALICIA IM MORGENGRAUEN

Das Haus, in dem ich sie zum letzten Mal sah, existiert nicht mehr. An seiner Stelle steht nun eines dieser Gebäude, die den Blick kaltlassen und den Himmel mit Schatten pflastern. Und doch erinnere ich mich bis heute jedes Mal, wenn ich dort vorbeigehe, an jene verfluchten Weihnachtstage des Jahres 1938, als die Calle Muntaner sich noch als eine abschüssige Trasse mit Straßenbahnen und palastartigen Häusern durch die Stadt zog. Ich war damals dreizehn Jahre alt und verdiente mir als Laufbursche in einer Pfandleihe in der Calle Elisabets ein paar Céntimos in der Woche. Der Besitzer, Don Odón Llofriu thronte, hundertfünfzehn Kilogramm Geiz und Argwohn, in seinem Ramschladen und beklagte sich sogar über die Luft, die dieses verflixte Waisenkind einatmete, eines von tausenden, die der Krieg ausspuckte und das er nie beim Namen rief.

»Herrje, mach das Licht aus, Junge. Es sind nicht die Zeiten für Verschwendung. Du kannst bei Kerzenlicht wischen, das stärkt die Augen.«

So vergingen unsere Tage zwischen besorgniserregenden Nachrichten von der nationalen Front, die auf Barcelona vorrückte, Gerüchten von Schießereien und Morden in den Straßen des Barrio Chino und dem Heulen der Sirenen, die vor Fliegerangriffen warnten. Es war an einem dieser Tage im Dezember 1938, die Straßen waren von Schnee und Asche gesprenkelt, als ich sie sah.

Ihre weiß gekleidete Gestalt schien direkt dem Nebel entsprungen, der durch die Straßen kroch. Sie betrat den Laden und blieb in dem blasshellen Rechteck stehen, das die Dämmerung in den Boden hinter der Schaufensterscheibe schnitt. In den Händen hielt sie ein Stück schwarzen Samt, das sie wortlos auf dem Tresen auseinanderschlug. Eine Girlande aus Perlen und Saphiren funkelte im Halbdunkel. Don Odón klemmte sich die Lupe ins Auge und nahm das Stück in Augenschein. Ich verfolgte die Szene von der Tür zum Hinterzimmer aus.

»Kein schlechtes Stück, aber es sind nicht die Zeiten für Verschwendung, junge Dame. Ich gebe Ihnen fünfzig Duros, und dabei mache ich noch Verlust. Aber es ist Weihnachten, und man ist ja nicht aus Stein.«

Das Mädchen schlug den Samt wieder übereinander und wandte sich wortlos zum Gehen.

»He, Junge!«, bellte Don Odón. »Folge ihr.«

»Dieses Collier ist mindestens tausend Duros wert«, bemerkte ich.

»Zweitausend«, korrigierte Don Odón. »Das dürfen wir uns nicht entgehen lassen. Folge ihr bis nach Hause und pass auf, dass sie nicht überfallen und ausgeraubt wird. Sie wird wiederkommen, wie sie alle.«

Als ich auf die Straße trat, verlor sich die Spur des Mädchens bereits in der weißen Nebeldecke. Ich folgte ihr durch das Labyrinth aus heruntergekommenen Gässchen und von Bomben ausgeweideten Häusern bis zur Plaza Peso de la Paja, wo ich sie gerade noch in eine Straßenbahn einsteigen sah, die gleich darauf die Calle Muntaner hinauffuhr. Ich rannte hinter der Tram her und sprang auf die hintere Plattform.

So fuhren wir die Straße bergan, zogen schwarze Schienenspuren in den Schnee, der in dicken Flocken fiel, während sich der Tag einer blutroten Dämmerung zuneigte. An der Kreuzung zur Travesera de Gracia schmerzten mir die Knochen vor Kälte. Ich war kurz davor, aufzugeben und Don Odón mit irgendeiner erfundenen Geschichte zufriedenzustellen, als das Mädchen ausstieg und auf das Portal eines herrschaftlichen Anwesens zuging. Ich sprang von der Tram und rannte los, um mich hinter der nächsten Ecke zu verstecken. Das Mädchen schlüpfte durch das Gartentor. Ich umklammerte die Stäbe und sah sie zwischen den Bäumen verschwinden, die das Haus umstanden. Am Fuß der Eingangstreppe blieb sie stehen und drehte sich um. Ich wollte wegrennen, aber im eisigen Wind waren meine Beine wie angewurzelt. Das Mädchen beobachtete mich mit einem leisen Lächeln und streckte mir die Hand entgegen. Ich begriff, dass sie mich für einen Bettler gehalten hatte.

»Komm«, sagte sie.

Es wurde bereits dunkel, als ich ihr in das düstere Haus folgte. Ein schwacher Lichtschein leckte an den Konturen. Herumliegende Bücher und zerrissene Vorhänge vervollständigten das Gesamtbild aus zerbrochenen Möbeln, zerfetzten Gemälden und dunklen Flecken, die sich wie Einschüsse über die Wände zogen. Wir gelangten in einen großen Salon. Der Raum beherbergte ein Mausoleum alter Fotografien, die den Geruch von Abwesenheit ausdünsteten. Das Mädchen kniete vor dem Kamin nieder und entzündete mit Zeitungspapier und den Überresten eines Stuhls ein Feuer. Ich trat näher an die Flammen und nahm die Tasse mit warmem Wein entgegen, die sie mir hinhielt. Dann kauerte sie sich neben mich, den Blick im Feuer verloren. Sie heiße Alicia, sagte sie. Ihre Haut war die einer Siebzehnjährigen, aber sie besaß diesen verräterisch ernsten, bodenlos tiefen Blick jener, die kein Alter haben. Als ich sie fragte, ob die Fotografien ihre Familie zeigten, sagte sie nichts.

Wie lange sie wohl schon allein in diesem alten Kasten lebte, in einem weißen Kleid, das sich an den Nähten auflöste, und Schmuck unter Wert verkaufte, um zu überleben? Das schwarze Stück Samt hatte sie auf dem Kaminsims abgelegt. Jedes Mal, wenn sie sich vorbeugte, um das Feuer anzufachen, fiel mein Blick darauf, und ich stellte mir das Collier darin vor. Stunden später hörten wir die Glocken Mitternacht schlagen, während wir schweigend und eng umschlungen vor dem Feuer saßen. So mochte mich wohl meine Mutter umarmt haben, wenn ich Erinnerungen an sie gehabt hätte. Als die Flammen zu verlöschen begannen, wollte ich ein Buch in die Glut werfen, doch Alicia nahm es mir aus den Händen und begann daraus vorzulesen, bis uns der Schlaf übermannte.

Kurz vor Morgengrauen brach ich auf, löste mich aus ihren Armen und rannte durch die Dunkelheit zum Gartentor. In den Händen hielt ich das Collier, das Herz klopfte mir bis zum Hals. In den ersten Stunden dieses Weihnachtstags trug ich zweitausend Duros in Form von Perlen und Saphiren bei mir, während ich die unter Schnee und Wut begrabenen Straßen ebenso verfluchte wie jene, die mich damals alleine in den Flammen zurückgelassen hatten. Als schließlich eine bleiche Sonne einen Lichtstrahl durch die Wolkendecke warf, wandte ich meine Schritte erneut zu dem Haus, das Collier in der Tasche, das schwerer wog als ein Stein und mich schier erstickte. Ich hoffte nur, sie noch schlafend vorzufinden, für immer schlafend, um die Kette wieder unbemerkt auf den Kaminsims zurückzulegen und dann die Flucht zu ergreifen. Mich niemals mehr an ihren Blick und ihre warme Stimme erinnern zu müssen, die einzige reine Berührung, die ich je erfahren hatte.

Die Haustür stand offen, perlgraues Licht tropfte durch die Dachsparren. Ich fand sie auf dem Boden liegend, in den Händen noch immer das Buch. Ihre Lippen waren vom Reif vergiftet, das Gesicht weiß von Eis, die Augen standen offen. Eine rote Träne hing auf ihrer Wange, und der Wind, der durch das weit geöffnete Fenster blies, begrub sie unter pulvrigem Schnee. Ich legte das Collier auf ihre Brust und floh wieder auf die Straße, um mit den Mauern der Stadt zu verschmelzen und mich in ihr Schweigen zu hüllen. Ich vermied es, mein Spiegelbild in den Schaufensterscheiben anzusehen, aus Angst, einem Fremden ins Gesicht zu blicken.

Kurze Zeit später wurde das weihnachtliche Glockengeläut erneut von Sirenen übertönt, und ein Geschwader schwarzer Engel schwärmte am scharlachroten Himmel über Barcelona aus, um Bombensäulen abzuwerfen, die nie den Boden berühren würden.

GRAUE MÄNNER

Er verriet mir nie seinen Namen, und ich hatte ihn nie danach fragen wollen. Er erwartete mich wie immer auf der alten Bank im Retiro-Park, die in einer Fuge der winterblanken, regennassen Bodenplatten verankert war. Dunkle Brillengläser verbargen den Abgrund seines Blicks. Er lächelte. Ich nahm am anderen Ende der Bank Platz. Der Bote reichte mir den Umschlag, den ich unbesehen an mich nahm.

»Wollen Sie nicht nachzählen?«

Ich schüttelte den Kopf.

»Aber das sollten Sie. Dieses Mal ist es die dreifache Summe. Mehr Spesen und Reisekosten.«

»Wohin?«

»Barcelona.«

»Barcelona mache ich nicht. Das wissen Sie doch. Geben Sie Sanabria den Auftrag.«

»Das haben wir schon. Es gab ein Problem.«

Ich holte den Umschlag mit dem Geld hervor und reichte ihn zurück.

»Barcelona mache ich nicht. Das wissen Sie ganz genau.«

»Wollen Sie mich nicht fragen, wer der Klient ist?«

Sein Lächeln versprühte Gift.

»Es ist alles im Umschlag. Die Fahrkarte für den heutigen Nachtexpress ist auf Ihren Namen am Schalter im Bahnhof Atocha hinterlegt. Der Herr Minister hat mich gebeten, Ihnen seinen aufrichtigsten Dank zu übermitteln. Er vergisst nie eine Gefälligkeit.«

Der Bote mit der dunklen Brille stand auf und wandte sich nach einer leichten Verbeugung zum Gehen. Es war drei Jahre her, seit wir uns das letzte Mal in dieser Ecke des Parks getroffen hatten. Immer im Morgengrauen, und nie hatten wir ein Wort mehr gewechselt als unbedingt notwendig. Ich beobachtete, wie er die schwarzen Lederhandschuhe überstreifte. Seine Hände spreizten sich wie Spinnenbeine. Er bemerkte meinen Blick und blieb stehen.

»Ist noch was?«

»Reine Neugier. Was sagen Sie Ihren Freunden, wenn Sie nach Ihrer Arbeit gefragt werden?«

Als er lächelte, verschmolz seine totenstarre Miene mit dem Leichentuch seines Mantels.

»Säuberungen. Ich sage ihnen, dass ich als Säuberungskraft arbeite.«

Ich nickte.

»Und Sie?«, fragte er zurück. »Was sagen Sie?«

»Ich habe keine Freunde.«

Nadeln aus gefrorenem Nebel krochen über die Kuppel des Atocha-Bahnhofs, als ich an jenem 9. Januar 1942 den menschenleeren Bahnsteig betrat, um den Mitternachtsexpress nach Barcelona zu besteigen. Die Großzügigkeit des Herrn Ministers hatte mir ein Erste-Klasse-Ticket und die samtene Privatheit eines Abteils für mich allein beschert. Selbst in jenen finsteren Tagen war die Höflichkeit unter Profis das Letzte, was verloren ging. Der Zug fuhr langsam an, malte Dampfschlieren in die Dunkelheit, und schon bald verlor sich die Stadt in einem Hauch aus schwachen Lichtern und Brachflächen. Erst jetzt öffnete ich den Umschlag und nahm die sorgfältig gefalteten und mit blauer Tinte anderthalbzeilig maschinenbeschriebenen Blätter heraus. Überrascht stellte ich fest, dass der Umschlag keine Fotografie enthielt. Ich fragte mich, ob Sanabria das einzige Foto des Klienten erhalten hatte. Doch ich brauchte nur die ersten Zeilen des Berichts zu lesen, um zu begreifen, dass es diesmal kein Foto geben würde.

Ich löschte das Licht im Abteil und überließ mich einer schlaflosen Nacht, bis der Morgen den Himmel scharlachrot färbte und sich die Umrisse des Montjuïc in der Ferne abzeichneten. Drei Jahre zuvor hatte ich mir geschworen, nie wieder einen Fuß nach Barcelona zu setzen. Ich war mit vergifteter Seele aus meiner Heimatstadt geflohen. Ein Wald aus gespenstischen Fabriken und Schwefeldämpfen schloss sich um uns, und kurz darauf verschluckte uns die Stadt in einem Tunnel, in dem es nach Ruß und Verdammnis roch. Ich klappte den Koffer auf und lud meinen Revolver mit den Kugeln, in deren Gebrauch mich Sanabria damals, als ich sein Lehrling in den Straßen des Barrio Chino gewesen war, unterwiesen hatte. Neun-Millimeter-Projektile mit aufgebohrter Spitze, die sich beim Aufprall in Reißzähne aus rotglühendem Metall verwandelten und faustgroße Wunden beim Austritt hinterließen. Als ich aus dem Zug stieg und in die eiserne Kathedrale des Bahnhofs Francia trat, schlug mir nasskalter Wind entgegen. Ich hatte vergessen, dass die Stadt noch immer nach Pulverdampf stank. Im Schutz eines Schleiers aus pulvrigem Schnee, der durch die wasserblaue Dunkelheit der frühen Morgenstunden trieb, begab ich mich zur Via Layetana. Die Straßenbahnen zogen Spuren in die weiße Decke, und graue, gesichtslose Menschen bewegten sich im Schein flackernder Laternen, die violettes Licht auf die Straßen sprenkelten. An der Plaza Palacio betrat ich das Gassengewirr rings um die Basilika Santa María del Mar. Ein Großteil der bei den Luftangriffen zerstörten Gebäude stand noch. Die Eingeweide der von den Bomben aufgerissenen Häuser – verlassene Esszimmer, Schlafzimmer und Bäder – ragten neben Trümmergrundstücken in die Höhe, deren Ruinen den Kohleschwarzhändlern und zerlumpten Gestalten, die niemals den Blick vom Boden hoben, als Zuflucht dienten.

An der Einmündung zur Calle Platería blieb ich stehen, um das Gerippe des Hauses zu betrachten, in dem ich aufgewachsen war. Von der brandgeschwärzten Fassade und den angrenzenden Mauern war kaum etwas übrig. Noch immer waren die Narben der Brandbomben zu sehen, die in die Wohnungen eingeschlagen waren und einen Feuersturm in den Treppenhäusern und Lichtschächten entfacht hatten. Als ich mich dem Hauseingang näherte, fiel mir der Name des Mädchens wieder ein, das ich in einer Sommernacht des Jahres 1913 auf der Schwelle geküsst hatte. Sie hieß Merche und lebte mit ihrer blinden Mutter, die mich nicht mochte, im dritten

Stock. Sie hatte nie geheiratet. Später erzählte man mir, dass man gesehen habe, wie sie bei einer Explosion vom Balkon geschleudert wurde, nackt und in Flammen gehüllt, ihr Körper von tausend rotglühenden Glassplittern durchbohrt. Schritte hinter mir brachten mich in die Gegenwart zurück. Als ich mich umdrehte, bemerkte ich eine aschgraue Gestalt, die mir wie ein Doppelgänger des Boten mit der dunklen Brille vorkam. Sie waren kaum voneinander zu unterscheiden. Alle hatten sie diesen stechenden Blick und den stinkenden Atem von Aasgeiern.

»Ausweispapiere, los«, nuschelte er triumphierend.

Ich bemerkte, wie mich Blicke streiften, und nahm die hastigen Schritte ausgemergelter Gestalten wahr. Dann betrachtete ich den Beamten der Geheimpolizei genauer. Ich schätzte ihn auf knapp über vierzig und siebzig Kilo, ein Mann, der eine gewisse Last auf den Schultern trug. Der schwarze Schal ließ einige Zentimeter seiner Kehle frei. Ein rascher Schnitt mit der kurzen Klinge würde ihm binnen einer Sekunde Luftröhre und Halsschlagader durchtrennen, so dass er lautlos sein Leben auf dem schmutzigen Schnee aushauchen würde. Aber auch Männer wie er hatten Familie und ich einen Auftrag zu erledigen. Mit einem dünnen Lächeln reichte ich ihm das vom Ministerium ausgestellte Dokument. Seine Überheblichkeit war plötzlich wie weggeblasen. Mit zittrigen Händen gab er mir das Schreiben zurück.

»Ich bitte um Entschuldigung. Ich wusste ja nicht …«

»Verzieh dich.«

Der Polizist nickte mehrmals und verschwand eilig hinter der nächsten Ecke. Hinter mir läuteten die Glocken von Santa María, als ich meinen Weg durch den Schnee zur Calle Fernando fortsetzte, eine weitere graue Gestalt in dem Meer grauer Gestalten, die diesen Wintermorgen zu überfluten begannen. Eine von ihnen folgte mir seit dem Bahnhof Francia in circa zwanzig Metern Entfernung, vielleicht in der Annahme, ich hätte sie nicht bemerkt. Ich verschwand in der bequemen aschfahlen Anonymität, in der Mörder, Profis und solche, die es sein wollen, sich als Buchhalter und Lehrlinge ausgeben, und ging über die Ramblas zum Hotel Oriente. Ein livrierter Portier, geübt darin, Blicke zu lesen, hielt mir mit einer Verbeugung die Tür auf. Das Hotel besaß nach wie vor die Anmutung eines versunkenen Schiffes. Der Rezeptionist erkannte mich sofort wieder, ein Lächeln huschte über sein Gesicht. Die Klänge eines verstimmten Klaviers perlten durch die halb geöffneten Glastüren des Speisesaals.

»Der Herr wünschen Zimmer 406?«

»Wenn es verfügbar ist, ja.«

Ich trug mich ins Gästeregister ein, während der Rezeptionist einem Pagen bedeutete, meinen Koffer zu nehmen und mich hinaufzubegleiten.

»Ich kenne den Weg, danke.«

Auf einen strengen Blick des Rezeptionisten hin trat der Page den Rückzug an.

»Wenn wir etwas tun können, um Ihnen den Aufenthalt in Barcelona angenehmer zu machen, brauchen Sie es nur zu sagen.«

»Das Übliche«, gab ich zurück.

»Jawohl, der Herr. Seien Sie unbesorgt.«

Ich wandte mich zum Aufzug, um dann noch einmal

stehen zu bleiben. Der Rezeptionist stand unverändert da, sein Lächeln wie versteinert.

»Wohnt Señor Sanabria hier?«

Es zuckte kaum merklich in seinem Gesicht, aber das genügte mir.

»Señor Sanabria hat uns schon lange nicht mehr mit seiner Anwesenheit beehrt.«

Zimmer 406 ging auf die Ramblas hinaus. Vom vierten Stock aus bot sich ein himmlischer Blick auf das Gespenst der verschwundenen Stadt, die dazu verdammt war, an die Vorkriegsjahre zu gemahnen. Unten wartete mein Schatten, unter die Markise eines Kiosks geduckt. Ich schloss die Vorhänge, so dass das Zimmer in einem perlweißen Dämmerlicht lag, und streckte mich auf dem Bett aus. Die Geräusche der Stadt krochen durch die Wände. Ich nahm den Revolver aus dem Koffer. Den Finger am Abzug, kreuzte ich die Hände vor der Brust und schloss die Augen. Ich versank in einem sumpfigen, feindseligen Traum. Stunden oder Minuten später wurde ich von feuchten Lippen geweckt, die meine Augenlider streiften. Candelas warmer Körper lag auf dem Bett. Mit federleichten Fingern streifte sie die Kleidung ab, ihre Haut wie aus weißem Zucker leuchtete im Widerschein der nächtlichen Laternen.

»Es ist lange her«, murmelte sie, während sie mir den Revolver abnahm und auf den Nachttisch legte. »Wenn du willst, kann ich die ganze Nacht bleiben.«

»Ich habe etwas zu erledigen.«

»Aber du wirst doch ein bisschen Zeit für deine Candela haben.«

Drei Jahre Abwesenheit hatten die Erinnerung an Candelas Körper nicht aus meinen Händen löschen können. Die neuen Zeiten und der Aufstieg in die Kategorie der Nobelhotels standen ihr gut. Ihre Brüste rochen nach teurem Parfum, und ich bemerkte eine neue Straffheit an ihren blassen Schenkeln, die in französischen Seidenstrümpfen steckten. Geduldig und erfahren ließ Candela mich gewähren, bis ich meinen Hunger nach ihrer Haut gesättigt hatte und mich zur Seite rollte. Ich hörte sie ins Bad gehen und das Wasser aufdrehen. Ich stand auf und holte den Geldumschlag aus dem Koffer, verdreifachte ihren üblichen Tarif und legte die gefalteten Scheine auf die Kommode. Dann streckte ich mich wieder auf dem Bett aus und sah zu, wie Candela ans Fenster trat und die Läden öffnete. Der Schnee, der draußen fiel, malte punktförmige Schatten auf ihre Haut.

»Was machst du?«

»Ich schaue dich an.«

»Willst du mich nicht fragen, wo er ist?«

»Wirst du es mir denn sagen?«

Sie drehte sich um und setzte sich ans Fußende des Bettes.

»Ich weiß nicht, wo er ist. Ich habe ihn nicht gesehen. Das ist die Wahrheit.«

Ich nickte nur. Candelas Blick fiel auf das Geld auf der Kommode.

»Es läuft gut bei dir«, sagte sie.

»Ich kann nicht klagen.«

Ich begann mich anzuziehen.

»Musst du schon gehen?«

Ich antwortete nicht.

»Das ist genug für die ganze Nacht. Wenn du willst, warte ich auf dich.«

»Es kann länger dauern, Candela.«

»Ich habe es nicht eilig.«

Ich hatte Roberto Sanabria in einer Augustnacht des Jahres 1917 kennengelernt, als die Stadt in Dunst und Wut versank. In den frühen Morgenstunden waren im Viertel Schüsse zu hören, wie fast jede Nacht. Ich war gerade zum Paseo del Borne hinuntergegangen, um Wasser am Brunnen zu holen. Als ich die Schüsse hörte, rannte ich los, um mich in einem Hauseingang der Calle Moncada zu verstecken. An der Einmündung dieser schmalen Kerbe zwischen alten Häusern, die manche noch immer Calle de las Moscas nennen, lag Sanabria in einer schwarzen Pfütze, einer zähflüssigen Masse, die sich zu meinen Füßen ausbreitete. Er hielt einen rauchenden Revolver in den Händen.

»Keine Sorge, mein Junge. Ich habe mehr Leben als eine Katze.«

Ich half ihm, sich aufzurichten, und brachte ihn, sein beachtliches Gewicht stützend, bis zu einem Hauseingang in der Calle de Baños Viejos, wo uns eine Frau mit düsterem Blick und schuppiger Haut in Empfang nahm. Sanabria hatte zwei Bauchschüsse abbekommen und so viel Blut verloren, dass seine Haut bereits einen wächsernen Ton annahm, aber er lächelte mich weiter an, während ein nach Wein stinkender Quacksalber die Wunden mit Essig und Alkohol säuberte.

»Ich schulde dir was, mein Junge«, sagte er noch, bevor er das Bewusstsein verlor.

Sanabria überlebte jene Nacht und noch viele weitere von Blei und Pulverdampf vernebelte Nächte. Es waren die Tage, in denen die Zeitungen Barcelonas voller Berichte über Mord und Totschlag auf offener Straße waren. Die Syndikate der Auftragsmörder hatten alle Hände voll zu tun. Das Leben war so wenig wert wie eh und je, aber noch nie war der Tod billiger gewesen. Es war Sanabria, der mich ins Geschäft einführte, als ich alt genug war.

»Es sei denn, du willst als Tagelöhner enden wie dein Vater.«

Töten sei eine Notwendigkeit, aber Morden eine Kunst, erklärte er. Seine bevorzugten Waffen waren der Revolver und ein Messer mit kurzer, gebogener Klinge, wie es die Stierkämpfer benutzten, um dem Tier in der Arena mit einem raschen Stich den Gnadenstoß zu geben. Sanabria brachte mir bei, dass man einem Mann nur ins Gesicht oder in die Brust schoss, wenn möglich aus weniger als zwei Metern Distanz. Er war ein Profi mit Prinzipien. Er übernahm weder Frauen noch Alte. Wie so viele hatte er das Töten im Marokkokrieg gelernt. Bei seiner Rückkehr nach Barcelona begann er seine Karriere als Gangster in den Diensten der FAI, der Iberischen Anarchistischen Föderation, stellte jedoch schon bald fest, dass die Arbeitgeberseite besser bezahlte und die Ausübung nicht von lautstarken Proklamationen gestört wurde. Er hatte eine Vorliebe für das Varieté und Huren, Leidenschaften, die er mir mit väterlicher Strenge und einer gewissen Dogmatik näherbrachte.

»Es gibt nichts Besseres auf der Welt als eine gute Komödie oder eine gute Hure. Begegne beiden mit Respekt und nie von oben herab.«

Es war Sanabria, der mir die damals siebzehnjährige Candela vorstellte. Sie hatte etwas Mondänes an sich und war geradezu dafür prädestiniert, in teuren Hotels und Politikerbüros zu arbeiten.

»Verliebe dich nie in etwas, das keinen Preis hat«, gab mir Sanabria mit auf den Weg.

Einmal fragte ich ihn, wie viele Menschen er getötet habe.

»Zweihundertsechs«, antwortete er. »Aber es stehen gute Jahre bevor.«

Mein Mentor sprach vom Bürgerkrieg, der bereits in der Luft lag wie der Gestank einer unsichtbaren Kloake. Im Frühsommer des Jahres 1936 erklärte mir Sanabria, dass bald ein anderer Wind wehe und wir Barcelona verlassen müssten, weil die Stadt wanke und in Kürze den Todesstoß erhalten würde.

»Der Tod, der immer auf das Gold folgt, zieht nach Madrid weiter«, urteilte er. »Und wir mit ihm. Es ist eine Frage der Zeit.«

Die wahrhaft goldenen Zeiten brachen mit Kriegsende an. Die Wege der Macht verwoben sich zu neuen Netzen, und wie von meinem Lehrmeister vorausgesagt, hatte eine Million Tote nicht ausgereicht, um den Rachedurst zu stillen, der die Straßen verpestete. Alte Kontakte zum Arbeitgeberverband von Barcelona öffneten uns die wichtigen Türen.

»Jetzt ist Schluss damit, arme Schlucker für ein paar

Kröten in öffentlichen Toiletten zu ermorden«, verkündete Sanabria. »Ab jetzt widmen wir uns hochrangiger Kundschaft.«

Es waren zwei wunderbare Jahre. Dienstfertige Geister mit bemerkenswertem Gedächtnis erstellten schier endlose Listen von Menschen, die es nicht wert waren, zu leben, Unglücklichen, deren Atem den reinen Geist der neuen Ära verunreinigte. Dutzende zitternder Seelen verschanzten sich aus Furcht vor dem Tageslicht in elenden Wohnungen, nicht wissend, dass sie bereits dem Tod geweiht waren. Sanabria brachte mir bei, nicht auf ihr Flehen, Schluchzen und Wimmern zu hören, sondern ihnen aus kürzester Entfernung den Schädel mit einem Schuss zwischen die Augen wegzublasen, bevor sie nach dem Warum fragen konnten. Der Tod erwartete sie in Metrostationen, dunklen Gassen und Absteigen ohne Strom und fließend Wasser. Lehrer oder Dichter, Soldaten oder Gelehrte, alle erkannten uns auf Anhieb. Manche starben gelassen und ohne Angst, den Blick fest in die Augen ihres Mörders gerichtet. Ich erinnere mich nicht an ihre Namen oder daran, was sie zu Lebzeiten getan hatten, um den Tod aus meinen Händen zu empfangen, aber an ihre Augen erinnere ich mich. Schon bald hörte ich auf zu zählen. Oder ich wollte es nicht genauer wissen. Sanabria, auf dem die Last der Jahre und die erlittenen Verletzungen zu schwer lasteten, um sich noch länger im Geschäft zu halten, überließ mir die spektakulärsten Aufträge.

»Mir knirschen die Knochen. Von nun an werde ich mich auf die kleinen Fische beschränken. Man muss wissen, wann es Zeit ist, aufzuhören.«

Für gewöhnlich traf ich mich einmal wöchentlich mit dem dunkel bebrillten Boten an der Bank im Retiro-Park. Er hatte immer einen Umschlag mit einem neuen Kunden dabei. Das Geld stapelte sich in einem Bankschließfach in der Calle O'Donell. Das Einzige, was Sanabria mir nicht beigebracht hatte, war, was ich mit diesen glatten, frisch gedruckten Geldscheinen anfangen sollte.

»Wird uns irgendwann die Kundschaft ausgehen?«, fragte ich einmal.

Es war das einzige Mal, dass der Bote die Brille abnahm. Er hatte Augen so grau wie seine Seele, tot und leer.

»Es gibt immer einen, der sich nicht dem Fortschritt anpasst.«

Als ich auf die Ramblas hinaustrat, schneite es nach wie vor. Es war kaum mehr als pulvriges Eis, das augenblicklich vom Wind in glitzernden Fünkchen davongeweht wurde, die beim Atmen brannten. Ich ging zur Calle Nueva, nur mehr ein dunkler Tunnel, gesäumt von den gespenstischen Gerippen heruntergekommener Tanzlokale und verlassenen Varietétheatern, welche die Straße vor ein paar Jahren noch bis in die frühen Morgenstunden in eine quirlige Avenue voller Lichter verwandelt hatten. Die Gehwege stanken nach Urin und Kohle. Ich bog in die Calle Lancaster ein und ging zur Hausnummer 13. Die beiden alten Laternen, die an der Hauswand hingen, vermochten kaum die Dunkelheit zu durchdringen, aber es genügte, um das Plakat über dem halb verkohlten geschlossenen Holzportal zu entziffern.

DAS THEATER DER SCHATTEN

kehrt nach seiner umjubelten Welttournee
nach Barcelona zurück,
um seine großartige, brandneue Marionetten –
und Automatenschau zu präsentieren,
mit dem exklusiven und geheimnisvollen Auftritt
des Pariser Revue-Stars Madame Isabelle
und ihrem aufsehenerregenden
»Tanz des Mitternachtsengels«.
Vorstellungen täglich, 24 Uhr.

Ich hämmerte zweimal mit der Faust dagegen und wartete, dann klopfte ich erneut. Es verging etwa eine Minute, bis ich Schritte auf der anderen Seite hörte. Das Eichentor schwang einige Zentimeter auf und gab den Blick auf das Gesicht einer Frau mit silbernem Haar und schwarzen Pupillen frei, die aus den Augäpfeln vorzustehen schienen. Licht ergoss sich wie flüssiges Gold auf die Straße.

»Herzlich willkommen im Theater der Schatten«, verkündete sie.

»Ich suche Señor Sanabria«, sagte ich. »Ich glaube, er erwartet mich.«

»Ihr Freund ist nicht hier, aber wenn Sie eintreten wollen … Die Vorstellung beginnt gleich.«

Ich folgte der Dame durch einen engen Korridor zu einer Treppe, die in den Keller des Hauses hinunterführte. Im Parkett verteilt stand ein Dutzend leerer Tische. Die Wände waren mit schwarzem Samt bespannt, Nadeln aus Licht durchschnitten die verrauchte Luft. Lediglich ein, zwei Gäste lungerten im Halbdunkel ringsum. Eine Bar mit Rauchglasspiegeln und ein in kupferfarbenes Licht getauchter Graben für den Pianisten rundeten das Bild ab. Der geschlossene scharlachrote Vorhang war mit einer Harlekinfigur bestickt. Ich nahm an einem Tisch vor der Bühne Platz. Sanabria liebte Marionettentheater. Er sagte immer, dass sie ihn am meisten an normale Menschen erinnerten.

»Mehr noch als Huren.«

Der Barkeeper brachte mir ein Getränk, Brandy vermutlich, und zog sich schweigend zurück. Ich zündete mir eine Zigarette an und wartete darauf, dass das Licht ausging. Als der Saal im Dunkeln lag, glitt der Vorhang auf. Ein Racheengel an silbernen Fäden schwebte, mit seinen schwarzen Flügeln schlagend und von blauen Dunstschwaden umgeben, auf die Bühne herab.

Als ich im Zug nach Barcelona den Umschlag geöffnet und begonnen hatte, die maschinengeschriebenen Seiten zu lesen, hatte ich gewusst, dass es diesmal kein Foto des Klienten geben würde. Es war nicht nötig. In der Nacht, als Sanabria und ich Barcelona verlassen hatten, hatte mein Lehrmeister mit seinen Händen das Blut gestillt, das meine Brust tränkte. Er hatte mir fest in die Augen gesehen und gelächelt.

»Du hattest noch was gut bei mir. Jetzt sind wir quitt. Irgendwann werden sie jemanden auf mich ansetzen. Man macht keine Karriere in diesem Geschäft, ohne irgendwann selbst in den Schuhen des Klienten zu stecken. So lautet das Gesetz. Aber wenn es so weit ist, und der Tag ist nicht mehr fern, hätte ich gerne, dass du es bist.«

Der Bericht des Ministeriums sprach zwischen den Zeilen eine deutliche Sprache. Drei Monate zuvor war Sanabria nach Barcelona zurückgekehrt. Sein Bruch mit dem Netzwerk hatte schon vorher stattgefunden, als er mehrere Auftragsmorde mit der Begründung abgelehnt hatte, er sei ein Mann mit Prinzipien in einer Zeit, der es genau daran mangele. Der erste Fehler des Ministeriums lag darin, ihn aus dem Weg räumen zu wollen. Der zweite, fatale Fehler, es auch noch schlecht zu tun. Von dem ersten Killer, den man auf ihn ansetzte, kam lediglich die rechte Hand per Einschreibebrief zurück. Einen Mann wie Sanabria kann man ermorden, aber man beleidigt ihn nicht. Wenige Tage nach seiner Ankunft in Barcelona begannen die Männer aus dem Netzwerk des Ministeriums einer nach dem anderen zu sterben wie die Fliegen. Sanabria arbeitete bei Nacht und hatte wieder begonnen, mit blanker Klinge seine Schneise zu ziehen. Nach zwei Wochen hatte er die Reihen der Geheimpolizei von Barcelona gründlich dezimiert. Nach drei Wochen begann er seine Trophäen in erleseneren – und sichtbareren – Kreisen des Regimes zu sammeln. Bevor es zur Panik kam, beschloss die Regierung in Madrid, einen ihrer starken Männer zu entsenden, um mit Sanabria zu verhandeln. Der Mann vom Ministerium lag nun auf einem Marmorblock im Leichenschauhaus im fünften Distrikt, in der Kehle ein mit dem Messer geschnittenes Grinsen. Ganz ähnlich wie jenes, das dem Leben von Generalmajor Manuel Jiménez Salgado ein Ende gesetzt hatte, dem aufgehenden Stern der Militärregierung und sicheren Kandidaten für eine glanzvolle Karriere in den Ministerien der Hauptstadt. Daraufhin wurde ich gerufen. Der Bericht beschrieb die Situation als »tiefgreifende Krise«. In der Terminologie des Ministeriums hatte Sanabria beschlossen, auf eigene Rechnung zu arbeiten, und sich in die Unterwelt von Barcelona begeben, um eine Art persönlichen Rachefeldzug an ausgewählten Mitgliedern der militärischen Gerichtsbarkeit der Regierung zu üben. Das Übel, so der Bericht weiter, solle »an der Wurzel ausgerissen werden, um jeden Preis«.

»Ich habe früher mit dir gerechnet«, raunte die Stimme meines Mentors aus dem Dunkel. Selbst auf seine alten Tage war er immer noch in der Lage, sich mit der katzengleichen Geschicklichkeit seiner besten Zeiten im Schatten anzuschleichen. Er lächelte.

»Du siehst gut aus«, sagte ich.

Sanabria zuckte mit den Schultern und deutete zur Bühne, wo gerade ein glänzend lackierter Holzsarg aufschwang und den Blick auf den Star der Automatenaufführung freigab: Madame Isabelle und ihren »Tanz des Mitternachtsengels«. Die Bewegungen der in Größe und Ausdruck sehr menschlichen Puppe waren hypnotisierend. Von Fäden aus Licht gehalten, tanzte Isabelle über die Bühne und griff im Flug nach den Noten des Pianisten.

»Ich komme jeden Abend her, um sie zu sehen«, flüsterte Sanabria.

»Sie werden nicht zulassen, dass es so weitergeht, Roberto. Wenn nicht ich, dann kommen andere.«

»Ich weiß. Ich bin froh, dass du es bist.«

Wir sahen eine Weile dem Tanz des Automaten zu

und flüchteten uns in die eigenwillige Schönheit seiner Bewegungen.

»Wer zieht die Fäden?«, fragte ich.

Sanabria lächelte nur.

Wir verließen das Schattentheater kurz vor Morgengrauen und gingen die Ramblas hinunter bis zum Hafen, ein Friedhof aus Masten im Nebel. Sanabria wollte ein letztes Mal das Meer sehen, auch wenn es nur diese brackige schwarze Brühe war, die an den Stufen der Mole leckte. Als ein bernsteinfarbener Streifen die Himmelslinie durchschnitt, nickte Sanabria schließlich, und wir gingen zu dem Zimmer, das er in einer drittklassigen Absteige am Portal de Santa Madrona gemietet hatte. Sanabria fühlte sich nirgendwo sicherer als bei seinen Huren. Das Zimmer war kaum mehr als ein feuchter, dunkler Verschlag ohne Fenster, der im Licht einer nackten Glühbirne schwankte. Eine zerschlissene Matratze an der Wand, ein paar Flaschen und schmutzige Gläser stellten das komplette Mobiliar.

»Eines Tages werden sie auch dich holen kommen«, sagte Sanabria.

Wir sahen uns stumm an, und da es nichts mehr zu sagen gab, umarmte ich ihn. Er roch nach müdem altem Mann.

»Sag Candela Lebwohl von mir.«

Ich zog die Tür seines Zimmers zu und ging durch den engen Korridor davon, dessen Wände Moder und Verfall ausdünsteten. Sekunden später hallte ein Schuss den Gang entlang. Ich hörte den Toten auf den Boden schlagen und verschwand über die Treppe. Eine alte Hure sah mich mit tränennassen Augen durch eine halb geöffnete Tür auf dem Absatz des unteren Stockwerks an.

Ich lief ein paar Stunden ziellos durch die verfluchten Straßen der Stadt, bevor ich ins Hotel zurückkehrte. Der Rezeptionist sah kaum vom Anmelderegister auf, als ich das Foyer durchquerte. Ich fuhr in der Aufzugskabine bis in die oberste Etage und ging den leeren Korridor entlang, der an meiner Zimmertür endete. Ich fragte mich, ob Candela mir glauben würde, wenn ich ihr sagte, dass ich Sanabria hätte laufen lassen und unser alter Freund in diesem Moment an Bord eines Kreuzfahrtschiffes unterwegs zu einem sicheren Ziel sei. Vielleicht kam eine Lüge wie immer der Wahrheit am nächsten. Ich öffnete die Zimmertür, ohne das Licht anzuschalten. Candela lag immer noch schlafend auf dem Bett, das erste Morgenlicht ergoss sich auf ihren nackten Körper. Ich setzte mich auf die Bettkante und fuhr mit den Fingerspitzen über ihren Rücken. Sie war eiskalt. Erst da merkte ich, dass das, was ich für den Schatten ihres Körpers gehalten hatte, eine Blüte aus Blut war, die sich auf dem Bett ausbreitete. Als ich mich langsam umdrehte, sah ich in den Lauf eines Revolvers. Die schwarzen Brillengläser des Boten glänzten in seinem schweißüberströmten Gesicht. Er lächelte.

»Der Herr Minister dankt Ihnen nachdrücklich für Ihre unschätzbare Zusammenarbeit.«

»Aber er vertraut nicht auf mein Schweigen.«

»Es sind schwierige Zeiten. Das Vaterland fordert große Opfer von uns, mein Freund.«

Ich deckte Candelas Körper mit dem Laken zu, das von ihrem Blut getränkt war.

»Sie haben mir nie Ihren Namen genannt«, sagte ich und kehrte ihm den Rücken zu.

»Jorge«, antwortete der Bote.

Ich fuhr blitzartig herum, die Messerklinge nur ein Lichtfunke zwischen meinen Fingern. Der Schnitt schlitzte ihm den Leib in Höhe des Magens auf. Der erste Schuss aus seinem Revolver durchschlug meine linke Hand. Der zweite traf einen der Bettpfosten, der in einer Kaskade rauchender Splitter zerstob. Dann schlitzte die Klinge des Messers, das Sanabria so bewundert hatte, die Kehle des Boten auf, der auf dem Boden lag und langsam an seinem eigenen Blut erstickte, während seine behandschuhten Hände noch verzweifelt versuchten, den Kopf an Ort und Stelle zu halten. Ich zog den Revolver und schob ihn ihm in den Mund.

»Ich habe keine Freunde.«

Noch in derselben Nacht nahm ich den Zug zurück nach Madrid. Meine Hand blutete noch immer; der Schmerz war ein feuriger Splitter, der sich in meine Erinnerung bohrte. Davon abgesehen hätte mich jeder für eine weitere graue Gestalt in der Legion grauer Männer gehalten, die sich wie an unsichtbaren Fäden durch die Kulissen einer geraubten Gegenwart bewegten. Den Revolver in der Hand, den Blick aus dem Fenster gerichtet, saß ich in meinem Abteil und betrachtete die endlose schwarze Nacht, die wie ein Abgrund über der blutgetränkten Erde des Landes klaffte. Sanabrias Wut würde meine Wut sein und Candelas Haut mein Licht. Die Wunde, die meine Hand durchbohrte, würde niemals aufhören zu bluten. Als ich die endlose Ebene von

Madrid im Morgenlicht sah, lächelte ich in mich hinein. In wenigen Minuten würden sich meine Schritte unauffindbar im Labyrinth der Stadt verlieren. Wie immer hatte mein Lehrmeister mir den Weg gezeigt, auch wenn er nicht anwesend war. Ich wusste, dass die Zeitungen mich nicht erwähnen und die Geschichtsbücher versuchen würden, meinen Namen unter Proklamationen und Trugbildern zu begraben. Es tat nichts zur Sache. Wir grauen Männer würden immer mehr werden. Bald schon werden wir Zeitung lesend neben Ihnen im Café oder im Bus sitzen. Die lange Nacht der Geschichte hat gerade erst begonnen.

DIE FRAU AUS DUNST

Ich habe es nie jemandem gestanden, aber zu der Wohnung kam ich wie durch ein Wunder. Laura, die tangoleidenschaftlich küsste, arbeitete als Sekretärin beim Grundstücksverwalter im ersten Stock. Ich lernte sie an einem Juliabend kennen, an dem der Himmel vor Dunst und Verzweiflung brannte. Ich schlief auf einer Bank im Freien auf dem Platz vor der Kirche Santa María del Mar, als mich die Berührung von Lippen weckte. ›Brauchst du einen Ort, wo du unterkommen kannst?‹ Laura führte mich zur Tür. Das Haus war eins dieser vertikalen Mausoleen, die die Altstadt verzaubern, ein Labyrinth aus Traufröhren und Flickereien, auf dessen Vordach die Jahreszahl 1866 zu lesen war. Ich tappte hinter ihr die dunklen Treppen hinauf. Unter unseren Füßen ächzte das Haus wie ein altes Schiff. Laura fragte mich nicht nach Gehalt und Referenzen. Besser so, denn im Gefängnis wird einem weder das eine noch das andere gegeben. Die Dachwohnung war von der Größe meiner Zelle, eine Mansarde, die in der Dächertundra eines finsteren Barcelona schwebte. ›Ich nehme sie‹, sagte ich. Ehrlich gesagt, hatte ich nach drei Jahren Modelo-Gefängnis den Geruchssinn verloren, und dass die Mauern Stimmen ausschwitzten, war nichts Neues. Laura kam fast jeden Abend herauf. Ihre kalte Haut und ihr Nebelatem waren das Einzige, was in diesem höllischen Sommer nicht brannte. Im Morgengrauen verlor sie sich stillschweigend treppab. Tagsüber döste ich vor mich hin. Die Nachbarn im Haus hatten diese sanftmütige Freundlichkeit, die einem das Elend verleiht. Ich zählte sechs Familien, alle mit Kindern und Alten, die nach Ruß und umgegrabener Erde rochen. Am liebsten hatte ich Don Florián, der gleich unter mir wohnte und auf Bestellung Puppen bemalte. Wochenlang ging ich nicht aus dem Haus, versteckte mich vor Barcelona und seinen Straßen, die mir während meiner Abwesenheit fremd und feindlich geworden waren. Die Spinnen zeichneten Arabesken auf meine Tür. Doña Luisa, die Nachbarin vom dritten Stock, brachte mir immer etwas zu essen herauf und erzählte mir Geschichten aus dem Viertel, Geschichten, die, genau wie sie, stets aus der Mode schienen. Don Florián lieh mir alte Illustrierte und Zeitungen und forderte mich zu Dominopartien heraus. Die Kinder luden mich zum Versteckspielen ein. Zum ersten Mal in meinem Leben fühlte ich mich willkommen. Fast geliebt. Um Mitternacht brachte mir Laura ihre in weiße Seide gehüllten neunzehn Lenze und ließ sich nehmen, als wäre es das letzte Mal. Ich liebte sie bis zum frühen Morgen und sättigte mich an ihrem Körper mit allem, was mir das Leben geraubt hatte. Dann träumte ich in Schwarzweiß, wie die Hunde und die Verdammten. Selbst Auswürfen des Lebens wie mir ist auf dieser Welt eine Spur Glück vergönnt. Dieser im Innern verbrachte Barceloneser Sommer war mein Sommer. Als Ende August die Leute von der Stadtverwaltung kamen, hielt ich sie für Polizisten. Der Abbruchingenieur sagte, er habe nichts gegen Hausbesetzer, aber man werde, obwohl es ihm sehr leidtue, das Haus sprengen. ›Da muss ein Irrtum vorliegen‹, sagte ich. Alle Kapitel meines Lebens beginnen mit diesem Satz. Ich sauste die Treppen hinunter zum Büro des Grundstücksverwalters, um Laura zu holen. Doch da gab es nichts weiter als einen Kleiderrechen und eine halbe Handbreit Staub. Ich ging zu Don Floriáns Wohnung hinauf. Fünfzig augenlose Puppen moderten im Dunkeln vor sich hin. Im ganzen Haus suchte ich irgendeinen Nachbarn. Totenstille Gänge häuften sich unter Schuttbergen. ›Dieses Haus ist seit 1938 verschlossen, junger Mann, seit den Bombardierungen im Krieg‹, sagte der Ingenieur. ›Die Bombe, die die Bewohner tötete, hatte das Gebäude hoffnungslos beschädigt.‹ Wir hatten einen Wortwechsel. Ich glaube, ich versetzte ihm einen Stoß. Die Treppe hinunter. Diesmal erging sich der Richter nach Herzenslust. Die ehemaligen Kollegen hatten mir die Pritsche freigehalten. ›Na ja, du kommst ja immer wieder.‹ Hernán, der Typ von der Bibliothek, suchte mir den Zeitungsausschnitt mit der Meldung von der Bombardierung heraus. Auf dem Foto sind die Leichen in Kiefernholzsärgen aufgereiht, zwar von den Splittern entstellt, aber erkennbar. Auf den Pflastersteinen vor der Kirche Santa María del Mar breitet sich ein blutiges Leichentuch aus. Laura trägt Weiß, die Hände auf der offenen Brust. Es sind bereits zwei Jahre vergangen, aber im Kittchen lebt und stirbt man von Erinnerungen. Die Gefängniswärter halten sich für sehr clever, aber sie führt sie bei den Kontrollen an der Nase herum. Um Mitternacht wecken mich ihre Lippen. Sie bringt mir Grüße von Don Florián und den andern. ›Du wirst mich immer lieben, nicht wahr?‹, fragt meine Laura. Und ich bejahe.«

GAUDÍ IN MANHATTAN

Jahre später, als ich zuschaute, wie sich das Trauergefolge meines Meisters durch den Paseo de Gracia bewegte, erinnerte ich mich an den Tag, an dem ich Gaudí kennengelernt hatte und sich mein Schicksal für immer änderte. In jenem Herbst war ich nach Barcelona gekommen, um an der Hochschule für Architektur zu studieren. Mein Traum, die Stadt der Architekten zu erobern, hing von einem Stipendium ab, das kaum für die Einschreibegebühren und die Miete eines Zimmers in einer Pension der Calle del Carmen reichte. Im Gegensatz zu meinen Studienkollegen mit ihrer Geckenerscheinung beschränkte sich meine Garderobe auf einen schwarzen, von meinem Vater geerbten Anzug, der mir fünf Nummern zu weit und zwei zu kurz war. Im März 1908 bestellte mich mein Tutor, Don Jaume Mascardó, in sein Büro, um meine Fortschritte und, wie mir schwante, meine unglückliche Erscheinung zu taxieren.

»Sie sehen aus wie ein Bettler, Miranda«, lautete sein Urteil. »Die Kutte macht zwar noch keinen Mönch, aber bei einem Architekten ist das etwas ganz anderes. Wenn Ihre Einkünfte zu knapp sind, kann ich Ihnen vielleicht helfen. Unter den Professoren heißt es, Sie seien ein aufgeweckter junger Mann. Sagen Sie, was wissen Sie von Gaudí?«

»Gaudí.« Allein die Erwähnung dieses Namens ließ mich erschauern. Ich war mit Träumen von seinen unglaublichen Gewölben, seinen neugotischen Riffen und seinem futuristischen Primitivismus aufgewachsen. Gaudí war der Grund, warum ich Architekt werden wollte, und mein größtes Bestreben – abgesehen davon, in diesem Kurs nicht zu verhungern – war es, ein Tausendstel der vertrackten Mathematik aufzunehmen, mit der der Architekt aus Reus, mein moderner Prometheus, die Anlage seiner Schöpfungen stützte.

»Ich bin sein größter Bewunderer«, brachte ich heraus.

»Das habe ich befürchtet.«

In seinem Ton hörte ich den Anflug von Herablassung, mit der man schon damals von Gaudí zu sprechen pflegte. Überall läuteten die Totenglocken für das, was einige Jugendstil, andere schlicht eine Beleidigung des guten Geschmacks nannten. Die neue Garde entwickelte eine Doktrin der Bündigkeit, die es nahelegte, die wahnwitzigen Barockfassaden, die mit den Jahren der Stadt ihren Stempel aufdrücken sollten, öffentlich zu brandmarken. Gaudí, der Junggeselle, kam immer mehr in den Ruf eines menschenscheuen Spinners, eines Phantasten, der das Geld verachtete (das unverzeihlichste seiner Vergehen) und besessen war vom Bau einer phantasmagorischen Kathedrale, in deren Krypta er die meiste Zeit verbrachte, gekleidet wie ein Bettler, Pläne zeichnend, die die Geometrie herausforderten, und überzeugt davon, dass sein einziger Kunde der Allmächtige war.

»Gaudí ist völlig verrückt«, fuhr Mascardó fort. »Jetzt will er auf die Casa Milá, mitten auf dem Paseo de Gracia, eine Muttergottes von den Ausmaßen des Kolosses von Rhodos stellen. Das ist vielleicht starker Tobak. Aber verrückt oder nicht, und das muss unter uns bleiben, es hat noch nie einen Architekten gegeben wie ihn, und es wird auch nie wieder einen geben.«

»Das denke ich auch.«

»Dann wissen Sie ja, dass es sinnlos ist, wenn Sie seine Nachfolge anzutreten versuchen.«

Der ehrwürdige Professor musste den Kummer in meinem Blick lesen.

»Aber vielleicht können Sie sein Gehilfe werden. Einer der Llimonas hat mir gesagt, Gaudí brauche jemanden, der Englisch spricht, fragen Sie mich nicht, wozu. Was er suche, sei ein Dolmetscher ins Spanische, denn dieser Dickschädel weigert sich, etwas anderes als Katalanisch zu sprechen, vor allem, wenn man ihn Ministern, Infantinnen und Prinzchen vorstellt. Ich habe mich erboten, einen Kandidaten zu suchen. *Du ju spiik Inglisch*, Miranda?«

Ich schluckte und beschwor Machiavelli, den Schutzpatron rascher Entscheidungen.

»*A litel.*«

»Dann *congratjuleischons*, und Gott steh Ihnen bei.«

Am selben Abend machte ich mich gegen Sonnenuntergang auf den Weg zur Sagrada Família, in deren Krypta Gaudí sein Atelier hatte. In diesen Jahren faserte das Ensanche-Viertel auf der Höhe des Paseo San Juan aus. Jenseits breitete sich eine Fata Morgana von Feldern,

Fabriken und einzelnen Häusern aus, die sich im Raster eines verheißenen Barcelona wie einsame Wachposten erhoben. Nach kurzer Zeit zeichneten sich die Nadeln der Apsis in der Dämmerung ab, Dolche gegen einen scharlachfarbenen Himmel. Ein Wachmann mit einer Gaslampe erwartete mich in der Tür zur Baustelle. Ich folgte ihm durch Säulengänge und Bögen bis zu der Treppe, die in Gaudís Atelier hinabführte. Als ich die Krypta betrat, spürte ich mein Herz in den Schläfen pochen. Ein Garten aus Fabelwesen wiegte sich im Schatten. In der Mitte des Ateliers hingen ein paar Skelette in einem makabren Ballett anatomischer Studien vom Gewölbe. Unter dieser gespenstischen Bühnenmaschinerie fand ich ein weißhaariges Männchen mit den blauesten Augen, die mir mein Lebtag begegnet sind, und dem Blick eines Mannes, der sieht, wovon die andern nur träumen können. Er schaute von dem Heft auf, in dem er etwas skizziert hatte, und lächelte mich an. Er hatte ein kindliches, magisches, geheimnisvolles Lächeln.

»Mascardó hat Ihnen sicher gesagt, ich sei vollkommen verrückt und spreche nie Spanisch. Sprechen tu ich's schon, aber nur, um zu *wider*sprechen. Was ich hingegen nicht kann, ist Englisch, und am Samstag schiffe ich mich nach New York ein. Sie hingegen können Englisch, junger Mann, nicht wahr?«

An diesem Abend fühlte ich mich als der glücklichste Mensch von der Welt, als ich mit Gaudí Gespräch und Essen teilte – eine Handvoll Nüsse und Salatblätter in Olivenöl.

»Wissen Sie, was ein Wolkenkratzer ist?«

Da es mir diesbezüglich an persönlicher Erfahrung fehlte, grub ich die Begriffe aus, die uns die Professoren von der Schule von Chicago, den Aluminiumgerüsten und der Erfindung des Tages, dem Otis-Aufzug, beigebracht hatten.

»Dummes Zeug«, fiel mir Gaudí ins Wort. »Ein Wolkenkratzer ist nichts weiter als eine Kathedrale für Leute, die statt an Gott ans Geld glauben.«

So erfuhr ich, dass Gaudí von einem Magnaten das Angebot erhalten hatte, mitten auf der Insel Manhattan einen Wolkenkratzer zu bauen, und dass es meine Aufgabe sein würde, bei dem Gespräch, das in neun Tagen zwischen Gaudí und dem rätselhaften Auftraggeber im Waldorf Astoria stattfinden sollte, den Dolmetscher zu machen. Die folgenden drei Tage verbrachte ich eingeigelt in meiner Pension und ackerte wie ein Wahnsinniger Englischgrammatiken durch. Am Freitag nahmen wir bei Tagesanbruch den Zug nach Calais, von wo aus wir die Fähre durch den Kanal nach Southampton nahmen, um uns auf der Lusitania einzuschiffen. Kaum an Bord des Kreuzers, zog sich Gaudí, krank vor Heimweh, in seine Kabine zurück. Er verließ sie erst in der Abenddämmerung des nächsten Tages wieder, als ich ihn im Bug sitzen und zuschauen sah, wie die Sonne an einem saphirblau und kupfern erleuchteten Himmel verblasste. »Das ist Architektur, aus Dunst und Licht. Wenn Sie lernen wollen, brauchen Sie nur die Natur zu studieren.« Die Überfahrt wurde für mich zu einem blendenden Schnellkurs. Jeden Abend spazierten wir an Deck auf und ab und sprachen über Pläne und Träume, ja über das

Leben. Da er keine andere Gesellschaft hatte und auch weil er vielleicht spürte, welch andächtige Verehrung ich ihm entgegenbrachte, bot mir Gaudí seine Freundschaft an und zeigte mir die Entwürfe, die er von seinem Wolkenkratzer gemacht hatte, eine wagnerische Nadel, die, sollte sie Wirklichkeit werden, vermutlich das wundersamste je von Menschenhand geschaffene Objekt wäre. Gaudís Ideen ließen einem den Atem stocken, und trotzdem konnte ich nicht überhören, dass in seiner Stimme weder Wärme noch Interesse lag, als er das Projekt kommentierte. Am Vorabend unserer Ankunft wagte ich es, ihm die Frage zu stellen, die seit dem Auslaufen an mir genagt hatte. Warum wollte er sich auf ein Projekt einlassen, das ihn Monate oder Jahre in Anspruch nehmen konnte, fern von der Heimat und vor allem von dem Werk, das zu seinem Lebensziel geworden war? »Manchmal braucht es die Hand des Teufels, um das Werk Gottes zu schaffen.« Und er gestand mir, dass, wenn er sich einverstanden erklärte, im Zentrum Manhattans diesen babylonischen Turm zu errichten, sein Kunde die Kosten für die Vollendung der Sagrada Família übernähme. Ich erinnere mich noch an seine Worte. »Gott hat keine Eile, ich aber werde nicht ewig leben …«

In der Abenddämmerung kamen wir in New York an. Ein bösartiger Nebel wallte zwischen den Türmen Manhattans, dieser auf der Flucht unter einem gewitterpurpurnen und schwefligen Himmel verlorenen Metropole. Eine schwarze Kutsche erwartete uns auf den Piers von Chelsea und brachte uns durch dunkle Canyons ins Zentrum der Insel. Dunstschwaden stiegen aus den

Pflastersteinen, und eine Unmenge Straßenbahnen, Wagen und dröhnende Mechanoiden raste durch diese Stadt höllischer Wohnwaben, die sich über sagenhaften Villen türmten. Gaudí beobachtete das Schauspiel mit düsterem Blick. Blutrotes Licht fiel wie Säbel aus den Wolken auf die Stadt nieder, als wir in die Fifth Avenue einbogen und die Silhouette des Waldorf Astoria erkannten, ein Mausoleum aus Mansarden und Türmen, auf dessen Asche sich über zwanzig Jahre später das Empire State Building erheben sollte. Der Hoteldirektor erschien persönlich zu unserer Begrüßung und teilte uns mit, der Magnat würde uns empfangen, sobald es dunkel wäre. Ich übersetzte alles geschwind, Gaudí nickte bloß dazu. Wir wurden in ein luxuriöses Zimmer im sechsten Stock geführt, von dem aus man die ganze Stadt in der Dämmerung versinken sehen konnte. Ich gab dem Boy ein sattes Trinkgeld und erfuhr so, dass unser Kunde in einer Suite in der obersten Etage wohnte und das Hotel nie verließ. Als ich ihn fragte, was für ein Mensch er sei und wie er aussehe, antwortete er, er habe ihn noch nie gesehen, und machte sich eilig davon. Zum Zeitpunkt unserer Verabredung stand Gaudí auf und warf mir einen ängstlichen Blick zu. Ein Fahrstuhlführer in Scharlachrot erwartete uns am Ende des Flurs. Während wir hinauffuhren, sah ich, wie Gaudí bleich wurde, kaum imstande, die Mappe mit seinen Skizzen festzuhalten. Wir gelangten in eine marmorne Halle, an deren Ende sich eine lange Galerie auftat. Der Liftboy schloss hinter uns die Tür, und das Licht der Kabine verlor sich in der Tiefe. Jetzt bemerkte ich, wie eine Kerzenflamme durch den Gang auf uns zukam.

Die Kerze wurde von einer schlanken Gestalt in Weiß gehalten. Lange schwarze Haare rahmten das blasseste Gesicht, an das ich mich erinnern kann, und darin zwei blaue Augen, die in die Seele drangen. Zwei Augen identisch mit denen Gaudís.

»Welcome to New York.«

Unser Kunde war eine Frau. Eine junge Frau von verwirrender Schönheit, fast schmerzlich anzuschauen. Ein viktorianischer Chronist hätte sie als Engel beschrieben, aber ich sah nichts Engelhaftes in ihrer Erscheinung. Ihre Bewegungen waren katzenhaft, ihr Lächeln heimtückisch. Die Dame führte uns in einen Saal voller Halbschatten und Schleier, die im Widerschein des Gewitters leuchteten. Wir nahmen Platz. Gaudí zeigte seine Skizzen, eine nach der andern, und ich übersetzte seine Erklärungen. Eine Stunde – oder eine Ewigkeit – später heftete die Dame ihren Blick auf mich und bedeutete mir Lippenstiftlippen leckend, sie jetzt mit Gaudí allein zu lassen. Verstohlen schaute ich den Meister an, und der nickte unergründlich. So bekämpfte ich meine Instinkte und entfernte mich gehorsam Richtung Gang, wo schon die Türen der Aufzugskabine aufgingen. Einen Augenblick blieb ich noch stehen, wandte mich um und sah, wie sich die Dame über Gaudí neigte, mit unendlicher Zärtlichkeit sein Gesicht zwischen die Hände nahm und ihn auf die Lippen küsste. Da erleuchtete ein kurzer Blitz die Dunkelheit, und einen Moment lang schien mir, bei Gaudí sei keine Dame, sondern eine düstere, leichenhafte Gestalt mit einem großen schwarzen Hund zu ihren Füßen. Das Letzte, was ich erblickte, bevor der Fahrstuhl seine Türen schloss, waren die Tränen auf Gaudís Gesicht, glühend wie giftige Perlen. Zurück in meinem Zimmer, legte ich mich aufs Bett, das Gemüt von Übelkeit erstickt, und wurde von blindem Schlaf übermannt. Als die ersten Lichter mein Gesicht streiften, lief ich zu Gaudís Schlafgemach. Das Bett war unberührt und vom Meister keine Spur zu sehen. Ich fuhr zur Rezeption hinunter und fragte, ob jemand etwas von ihm wisse. Ein Portier sagte, er habe ihn eine Stunde zuvor weggehen und die Fifth Avenue hinauf verschwinden sehen, wo ihn beinahe eine Straßenbahn überfahren hätte. Ohne erklären zu können, warum, wusste ich genau, wo ich ihn finden würde. Ich ging zehn Blocks bis zur St Patrick's Cathedral, die um diese frühe Zeit menschenleer war. Von der Schwelle des Kirchenschiffs aus erkannte ich die Gestalt des Meisters, der vor dem Altar kniete. Ich trat zu ihm und ließ mich neben ihm nieder. Ich hatte den Eindruck, sein Gesicht sei in einer einzigen Nacht um zwanzig Jahre gealtert und habe den abwesenden Ausdruck angenommen, der ihn bis ans Ende seiner Tage begleiten sollte. Ich fragte ihn, wer die Frau gewesen sei. Perplex schaute er mich an. Da wurde mir bewusst, dass nur ich die Dame in Weiß gesehen hatte, und obwohl ich mich nicht getraute, Vermutungen darüber anzustellen, was Gaudí gesehen hatte, war ich doch sicher, dass der Blick derselbe gewesen war. Am selben Tag schifften wir uns für die Rückreise ein. Als wir New York am Horizont verschwinden sahen, zog Gaudí die Mappe mit seinen Entwürfen hervor und warf sie über Bord. Entsetzt fragte ich ihn, was nun mit den nötigen Mitteln für die Fertigstellung der Sagrada Família geschähe. »Gott hat keine Eile, und ich kann den Preis nicht zahlen, den man von mir verlangt.«

Tausendmal fragte ich ihn auf der Überfahrt nach diesem Preis und nach der Identität des Kunden, den wir besucht hatten. Tausendmal lächelte er mich an, müde, wortlos den Kopf schüttelnd. Mit unserer Ankunft in Barcelona war mein Dolmetscherjob hinfällig geworden, aber Gaudí lud mich ein, ihn zu besuchen, wann immer ich wollte. Ich nahm mein Studium an der Hochschule wieder auf, wo Mascardó gierig darauf wartete, mich auszuhorchen.

»Wir sind nach Manchester gefahren, um eine Nietenfabrik zu besuchen, aber nach drei Tagen sind wir zurückgekommen, denn Gaudí sagt, die Engländer essen nur gekochtes Rindfleisch und können die Muttergottes nicht riechen.«

»Das ist vielleicht verrückt.«

Nach einiger Zeit, bei einem meiner Besuche in der Kirche, entdeckte ich an einem der Giebel ein Gesicht, das identisch war mit dem der Dame in Weiß. Ihre Gestalt, verschlungen in einem Schlangenknäuel, deutete einen Engel mit spitzen Flügeln an, leuchtend und grausam. Gaudí und ich kamen nie wieder auf das zurück, was in New York geschehen war. Diese Reise sollte für immer unser Geheimnis bleiben. Mit den Jahren wurde ich zu einem annehmbaren Architekten und bekam dank der Empfehlung meines Meisters eine Stelle im Atelier von Hector Guimard in Paris. Dort erreichte mich zwanzig Jahre nach dieser Nacht in Manhattan die Nachricht von

Gaudís Tod. Ich nahm den ersten Zug nach Barcelona, gerade rechtzeitig, um das Trauergefolge zu sehen, das ihn zu seiner Beisetzung in der Krypta begleitete, wo wir uns kennengelernt hatten. An diesem Tag schickte ich Guimard meine Kündigung. In der Abenddämmerung ging ich noch einmal auf dem Weg zur Sagrada Família, den ich für meine erste Begegnung mit Gaudí genommen hatte. Die Stadt umgab bereits das Baugelände, und das Gotteshaus erklomm einen von Sternen übersäten Himmel. Ich schloss die Augen und konnte die Kirche einen Moment lang vollendet vor mir sehen, so, wie nur Gaudí sie in seiner Vorstellung gesehen hatte. Da wusste ich, dass ich mein Leben der Fortsetzung von meines Meisters Werk widmen würde, im Bewusstsein, dass ich die Zügel früher oder später anderen übergeben müsste, die wiederum dasselbe tun würden. Denn auch wenn Gott keine Eile hat, Gaudí wartet weiter, wo immer er ist.

APOKALYPSE IN ZWEI MINUTEN

Der Tag, an dem die Welt unterging, erwischte mich an der Ecke Fünfte/Siebenundfünfzigste Straße, als ich gerade auf mein Handy schaute. Eine Rothaarige mit silberhellen Augen wandte sich zu mir um und fragte:

»Ist dir mal aufgefallen, dass die Leute immer mehr verblöden, je intelligenter die Handys werden?«

Sie sah aus wie eine von Draculas Gemahlinnen, die in einem Gothic Shop zugeschlagen hat.

»Kann ich Ihnen helfen, Miss?«

Sie sagte, das Ende der Welt sei gekommen. Das Himmlische Gericht habe wegen schwerwiegender Mängel den Rückruf angeordnet; sie sei ein gefallener Engel, der aus der Unterwelt entsandt worden sei, um sicherzustellen, dass arme Seelen wie meine in geordneter Weise zum zehnten Höllenkreis hinabwanderten.

»Ich dachte, da unten gäbe es nur neun Kreise«, gab ich zurück.

»Wir mussten noch einen hinzufügen für alle, die ihr Leben gelebt haben, als ob es ewig währte.«

Ich hatte meine Medikation nie sonderlich ernst genommen, aber schon bei einem einzigen Blick in diese silbergrauen Augen wusste ich, dass sie die Wahrheit sagte. Als sie mein Unbehagen bemerkte, setzte sie hinzu, da ich nie im Finanzsektor gearbeitet habe, gestehe sie mir drei Wünsche zu, bevor der große Knall käme und das Universum implodierte, um wieder zur Größe einer Kichererbse zusammenzuschrumpfen.

»Wähle weise.«

Ich dachte nach.

»Ich will wissen, was der Sinn des Lebens ist. Ich will wissen, wo es das beste Schokoladeneis der Welt gibt. Und ich will mich verlieben«, erklärte ich.

»Die Antwort auf deine beiden ersten Wünsche ist dieselbe.«

Was den dritten Wunsch betraf, gab sie mir einen Kuss, der nach der ganzen Wahrheit der Welt schmeckte und das Bedürfnis in mir weckte, ein anständiger Mensch zu sein. Wir machten einen Abschiedsspaziergang durch den Park und nahmen dann in dem altehrwürdigen Hotel mit den gotischen Kapitellen auf der anderen Straßenseite den Aufzug bis nach ganz oben, um von dort die Welt in die Luft fliegen zu sehen.

»Ich liebe dich«, sagte ich.

»Ich weiß.«

Hand in Hand standen wir dort und sahen zu, wie eine überwältigende Masse blutroter Wolken den Himmel verdüsterte, und ich weinte vor Glück.

ANHANG

ZU DIESEM BUCH

Nachdem im November 2016 mit dem Erscheinen von *Das Labyrinth der Lichter*, dem letzten Teil der Tetralogie um den Friedhof der vergessenen Bücher, sein Lebenswerk abgeschlossen war, plante Carlos Ruiz Zafón als Nächstes einen Band mit Erzählungen. Er wollte seinen Leserinnen und Lesern jene Geschichten zugänglich machen, die bereits in anderer Form entweder in Zeitschriften oder im Rahmen von Sonderausgaben der Romane erschienen waren, aber auch bislang unveröffentlichte Erzählungen.

Zu diesem Zweck vertraute er mir die Herausgabe der Geschichten an, die hier zum ersten Mal das Licht der Welt erblicken, und beauftragte mich damit, die im Laufe der Zeit bereits veröffentlichten Texte für einen Band zusammenzustellen, der über eine reine Sammlung seiner gesamten Erzählungen hinausgehen sollte. Doch wegen der zeitlichen Nähe zum Schlussband der Tetralogie und dann aufgrund der Erkrankung des Autors erschien es ratsam, die Veröffentlichung zu verschieben.

Für Carlos Ruiz Zafón stellte dieser Band ein eigenständiges Werk dar, aber er war auch ein Geschenk an die treuen Leser der Saga, die mit *Der Schatten des Windes* begann. Nun ist er durch sein posthumes Erscheinen außerdem zu einer Hommage des Verlags an seinen Autor geworden, ein ehrendes Andenken, dem sich mit Sicherheit auch die Leser eines der meistbewunderten Schriftsteller unserer Zeit anschließen werden.

Das Buch in Ihren Händen ist ein weiterer Teil des literarischen Universums um den Friedhof der vergessenen Bücher. Unbekannte Züge einzelner Personen werden weiterentwickelt, die Geschichte rund um den Bau der sagenumwobenen Bibliothek wird vertieft. Viele Themen und Motive und die Atmosphäre, die diesen Erzählungen innewohnt, werden den Lesern vertraut erscheinen. Verfluchte Schriftsteller, visionäre Architekten, falsche Identitäten, phantasmagorische Gebäude, unwiderstehliche bildhafte Beschreibungen, meisterhafte Dialoge … und vor allem das Versprechen, dass die Erzählungen, das Erzählen selbst uns in faszinierende neue Gefilde führen.

Von *Blanca und der Abschied*, der Eröffnungsgeschichte, bis hin zur abschließenden *Apokalypse in zwei Minuten* verweben sich die Geschichten durch die Erzählstimme, die Chronologie oder einzelne Details zu einer Welt, die bildhaft vor unseren Augen entsteht, obwohl sie eine Fiktion ist, ein Universum aus Dunst.

Auch was die literarischen Genres angeht, ist dieses Buch ein Beweis für die Kunstfertigkeit, mit der sich Carlos Ruiz Zafón ihrer bediente, um seine ganz eigene, unverwechselbare Literatur zu schaffen. Wir finden darin Elemente des Bildungsromans, des historischen Romans, des Schauerromans, des Thrillers und des Liebesromans, nicht zu vergessen seine meisterliche Beherrschung der Geschichte in der Geschichte.

Aber halten wir uns nicht länger mit Erklärungen auf, liebe Leser. Wahrscheinlich bedarf es keiner weiteren Worte zum Stellenwert eines literarischen Werkes, wenn dessen Autor Namensgeber für ein eigenes Adjektiv ist: cervantinisch, dickensianisch, borgesk … Willkommen in einem neuen zafonesken Buch, das bedauerlicherweise das letzte bleiben wird.

Émile de Rosiers Castellaine

Ich habe für junge Leser geschrieben, für den Film, für die vermeintlich Erwachsenen; aber vor allem für Menschen, die gerne lesen und in gute Geschichten eintauchen wollen. Ich schreibe nicht für mich selbst sondern für andere. Für richtige Menschen. Für Dich.

Carlos Ruiz Zafón wurde 1964 geboren in Barcelona, wo er in der Nähe von Antonio Gaudís Sagrada Família aufwuchs. Im gotischen Gebäude der Jesuiten, dem *Collegi de Sant Ignasi* in Sarrià, ging er zur Schule. Er wurde Werbetexter, schrieb seinen ersten Roman und zog 1994 nach dessen Veröffentlichung nach Los Angeles. Hier widmete er sich seinen Romanen, verfasste Drehbücher und berichtete als Korrespondent für spanische Tageszeitungen. 2020 starb er mit nur 55 Jahren in seiner Wahlheimat. – Seine ersten Erfolge feierte er mit drei Schauerromanen, auf die der Roman ›Marina‹ folgte, der wochenlang auf der SPIEGEL-Bestsellerliste stand. Die Krönung seines Werkes bilden die bewunderten Romane um den Friedhof der vergessenen Bücher, die Millionen Leser auf der ganzen Welt fanden.

Die Romane von Carlos Ruiz Zafón

Die Nebel-Trilogie:
Der Fürst des Nebels *1993*
Der dunkle Wächter *1994*
Der Mitternachtspalast *1995*

Marina 1999

Der Friedhof der vergessenen Bücher. Tetralogie:
Der Schatten des Windes *2001*
Das Spiel des Engels *2008*
Der Gefangene des Himmels *2011*
Das Labyrinth der Lichter *2016*

Alle Bücher erschienen im S. Fischer Verlag und als Fischer Taschenbuch.

Über die reale Erzählwelt Carlos Ruiz Zafóns:
Sergi Doria: Das Barcelona von Carlos Ruiz Zafón. Spaziergänge durch eine erzählte Stadt *2013*

Auch mich hat die Literatur oft gerettet

Carlos Ruiz Zafón 2017 im Gespräch

*Die Leser*innen Ihrer Saga stoßen in ›Das Labyrinth der Lichter‹ auf eine sehr eigenwillige Persönlichkeit: Alicia Gris.*

Es gibt drei Helden, die einen wichtigen Teil von mir in sich tragen. Ich nenne sie meine heilige Dreifaltigkeit: Julián Carax, der mir am meisten ähnelt, Fermín Romero de Torres und eben Alicia Gris. Sie ist meine Lieblingsfigur, auch wenn sie etwas länger hinter den Kulissen warten musste und erst im letzten Band auftaucht. In meinem Kopf ist sie allerdings schon lange Zeit präsent. Sie ist eine zerrissene Figur, ein aus den Schatten des Bürgerkriegs gefallener Engel. Sie hat einen starken Charakter, bei ihr laufen alle Fäden zusammen.

Auch wenn es noch lose Fäden gibt, kann man das Buch unabhängig von den Vorgängerromanen lesen.

Ja, das war mir wichtig. Ich hatte nie vor, Fortsetzungen zu schreiben. Jeder Band versteht sich als ein unabhängiger Eingang zum Friedhof der vergessenen Bücher. Wo immer man beginnt, durch welche der vier Türen man auch tritt, wird man eine eigene Welt vorfinden. Ich wollte zwar viele Genres zusammenführen, aber in jedem Band steht eines besonders im Vordergrund: Im ›Schatten des Windes‹ ist es der Coming-of-age-Roman, im ›Spiel des Engels‹ der Schauerroman, im ›Gefangenen des Himmels‹ der Abenteuerroman und im ›Labyrinth der Lichter‹ der Spannungsroman.

Dieser Roman spielt in Teilen erstmals auch außerhalb von Barcelona, in Madrid.

Wir sind am Ende der 1950er Jahre, in den dunklen Jahren des Franco-Regimes. Deswegen musste Madrid eine Rolle spielen – seine Pracht, seine gotischen Gebäude, die es fast zu einem weiteren Protagonisten des Romans machen. Außerdem spielt natürlich Barcelona eine wichtige Rolle in allen Büchern. Auf metaphorische Weise will ich so in meine Heimatstadt zurückkehren, meine Wurzeln erkunden und den Ort, an dem ich aufgewachsen bin.

Sie beschreiben ein Barcelona der Vergangenheit, das die Touristen kaum noch wahrnehmen.

In den letzten Jahren ist die Stadt immer touristischer geworden, eine Partystadt fürs Wochenende. Aber das ist nur ein Teil. Barcelona hat eine Seele, die mit seiner Geschichte zu tun hat. Deswegen ist es in meinen Büchern viel mehr als nur ein Schauplatz, sondern eine der Hauptfiguren.

Ein Thema in dem neuen Roman ist die Literatur als rettender Anker.

Auch mich hat die Literatur oft gerettet: vor der Langeweile, der Leere, dem Banalen. Kann man sich eine Welt ohne Musik vorstellen? Wohl kaum. Und ohne das geschriebene Wort und die Vorstellungskraft? Noch viel weniger.

»Zafón liebte Bücher. Bereits als Kind war er ein unersättlicher Leser, auch um der intellektuellen Enge in der damals gespenstisch grauen, franquistischen Heimatstadt Barcelona zu entgehen.«
Michi Strausfeld, Neue Zürcher Zeitung

Er wuchs »in Laufnähe zu Antoni Gaudís Jugendstilkathedrale Sagrada Família {auf}, besuchte die Jesuitenschule Sarrià in Barcelona, die in einem gotischen Backsteinschloss mit Türmen und geheimen Gängen untergebracht war.«
Die Zeit

»Außerdem lernte er als Kind jeden Winkel von Barcelona kennen, weil sein Vater, ein Versicherungsvertreter, ihn oft für Botengänge einsetzte.«
Der Spiegel

»Als Schriftsteller etablierte er sich mit der sogenannten Nebel-Trilogie. Der erste Teil ›Der Fürst des Nebels‹ erschien 1993 und verkaufte sich in Spanien gut. Bis 1995 folgten ›Mitternachtspalast‹ und ›Der dunkle Wächter‹.«
Die Welt

»Es ist eine Erfolgsgeschichte, wie sie das literarische Leben nur selten schreibt. Vor allem durch Mund-zu-Mund-Propaganda wurde ›Der Schatten des Windes‹ vor knapp 20 Jahren ein Welterfolg.«
Der Standard

»Über die Brille hinweg, als hätte er ein Leben lang nichts als Bücher empfohlen, schwärmte Joschka Fischer im ZDF über das Buch eines bisher unbekannten Spaniers.«
Evita Bauer, Deutschlandfunk

»Carlos Ruiz Zafón hat neu erfunden, was es heißt, ein großer Autor zu sein.«
USA Today

»Eines von Carlos Ruiz Zafóns Hobbies war, alles zu sammeln, was mit Drachen zu tun hatte. Mit ihnen spürte er eine Wahlverwandtschaft. ›Wir sind Geschöpfe der Nacht, Einzelgänger, wir mögen keine herumziehenden Ritter, und es fällt schwer, uns kennenzulernen‹, schrieb er einmal.«
New York Times

Die Übersetzer

Lisa Grüneisen, 1967 geboren, arbeitet seit ihrem Studium der Romanistik, Germanistik und Geschichte als Übersetzerin. Sie übertrug unter anderem Bücher von Carlos Ruiz Zafón, Carlos Fuentes, Miguel Delibes, Alberto Manguel und Frida Kahlo.

Peter Schwaar, geboren 1947 in Zürich, studierte Germanistik und Musikwissenschaft in Zürich und Berlin und war Redakteur beim Zürcher »Tages-Anzeiger«. Von 1987 an arbeitete er als freier Journalist und Übersetzer (Eduardo Mendoza, Juan José Millás, Adolfo Bioy Casares, Álvaro Mutis, Tomás Eloy Martínez, David Trueba u. a.). Er lebt in Barcelona.

Nachweise der Abbildungen

Seite 8: Portal de la Paz, Barcelona, Ende der 1940er Jahre, © Martí Gasull i Coral.

Seite 40: Plaça Sant Augustí Vell, © Otto Lloyd, Privatsammlung, mit freundlicher Genehmigung von S. Martínez.

Seite 135: Karte von Barcelona am Ende des 16. Jahrhunderts, © Àlvar Salom.

Seite 144: Die Via Layetana bei Junqueras und Condal, Barcelona, um 1953 © Fons Fotogràfic F. Català-Roca – Arxiu Històric del COAC.

Seite 184: Vorentwurf des Gebäudes Hotel Atracción für Manhattan (1952), Joan Matamala i Flotats, © Càtedra Gaudí, Escola Tècnica Superior d'Arquitectura de Barcelona. Polytechnische Universität von Katalonien.

Die Silhouette des Drachens ist inspiriert von der Tür der Casa Güell, Werk von Antoni Gaudí (Pedralbes, Barcelona).

Die Fotografie des Autors stammt von © David Ramos.

Nachweise der Texte

›Die Feuerrose‹ wurde 2008 in einem Verlagsprospekt des S. Fischer Verlages zum Erscheinen der deutschen Ausgabe von ›Das Spiel des Engels‹ gedruckt.

›Der Fürst des Parnass‹ erschien 2014 als Fischer Taschenbuch zum Welttag des Buches. Die Honorare stiftete Carlos Ruiz Zafón dem Sozialfond des Deutschen Buchhandels.

›Die Frau aus Dunst‹ war 2007 in Michi Strausfelds ›Barcelona. Ein Reisebegleiter‹ (Suhrkamp Verlag) enthalten.

›Gaudí in Manhattan‹ erschien zum ersten Mal 2009 als einzelne Erzählung in der Insel-Bücherei.

DER FRIEDHOF DER VERGESSENEN BÜCHER

Dieses Buch beschließt einen Zyklus von Romanen, die sich im literarischen Universum des Friedhofs der vergessenen Bücher überkreuzen. Sie sind miteinander durch Figuren und Handlungsstränge verbunden, die erzählerische und thematische Brücken schlagen, aber jeder enthält eine in sich geschlossene, von den anderen unabhängige Geschichte.

Die Romane können in beliebiger Abfolge – oder auch jeder für sich allein – gelesen werden, so dass die Leser*innen über verschiedene Wege in dieses literarische Universum gelangen und es auskundschaften können; miteinander verknüpft, führen sie alle ins Zentrum der Geschichte.

Carlos Ruiz Zafón

Der Schatten des Windes

Roman

Aus dem Spanischen von Peter Schwaar

ISBN 978-3-596-19615-9

»Unwiderstehlich.«

Le Figaro

»Eine magische Geschichte.«

Cecila Ahern

»Dieses Buch wird Ihr Leben verändern. Auf Anhieb ein Klassiker.«

The Daily Telegraph

»Das Erzähltalent dieses Mannes ist epochal.«

El Mundo

»Gabriel García Márquez trifft Umberto Eco und Jorge Luis Borges zu einer höchst wunderbaren und atemberaubend verzwickten großen Zauberschau.«

Richard Eder, New York Times

»Rundum das, was man einen wunderbaren Schmöker nennt.«

Elke Heidenreich

»Ein populäres Meisterwerk, ein moderner Klassiker.«
Daily Telegraph

»Ein geheimnisvoll-tiefgründiger Roman, voller Gestalten, die wie aus dem wahren Leben wirken. Eine spannende Lektüre und ein Muss für jede Bibliothek. Zafón packt den Leser bei seinen Gefühlen und lässt ihn nicht mehr los.«
Seattle Post-Intelligencer

»Sein Roman ›Der Schatten des Windes‹ ist der größte spanische Bucherfolg seit ›Don Quijote‹ von 1605.«
Zeit Online

»Ein wunderbarer Roman. Weltspitze.«
Corriere della Sera

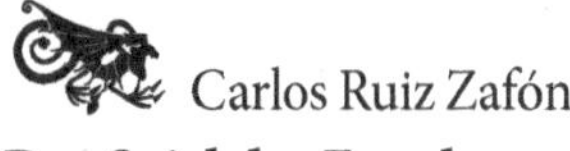 Carlos Ruiz Zafón

Das Spiel des Engels

Roman

Aus dem Spanischen von Peter Schwaar

ISBN 978-3-596-18644-0

»Sollte jemand glauben, der Schauerroman sei seit dem 19. Jahrhundert tot, wird dieses Buch ihn vom Gegenteil überzeugen. Ein Roman voller Glanz und geheimnisvoller Irrwege. Eine phantastische Lektüre.«
Stephen King

»Ein herrlicher Schmöker über das alte Barcelona, einen jungen Mann und den ewigen Traum vom perfekten Buch.«
Denis Scheck, Tagesspiegel

»Literatur und Leben vermischen sich aufs schönste.«
Elke Heidenreich

»›Das Spiel des Engels‹ verwebt Wilke Collins mit Dickens zu einem einzigartigen und überraschend berührenden Roman.«
Stephanie Merritt, The Observer

»Man liest sich regelrecht in einen Rausch. Über 700 Seiten atemberaubende Spannung, eine absolut fesselnde Mischung aus Thriller und Fantasy-Roman.«
Für Sie

»Leser von ›Schatten des Windes‹ werden sich sofort auf dem Friedhof der vergessenen Bücher wiederfinden – ein Echo von Umberto Eco, einer labyrinthischen Bibliothek, in der sich die Bücher ihre Leser auswählen.«
The Spectator

»Zwischen vielen Schocks und unerwarteten Wendungen bewegt sich Zafón äußerst sicher auf dem schmalen Grat zwischen paranormalen Ereignissen und psychologischen Täuschungen.«
Boyd Tonkin, The Independent

»Wortgewaltig reißt Ruiz Zafón seine Leser mit. Für alle, die vom ›Schatten des Windes‹ begeistert waren, ist ›Das Spiel des Engels‹ ein absolutes Muss.«
Oliver Böhm, SWR

 Carlos Ruiz Zafón

Der Gefangene des Himmels

Roman

Aus dem Spanischen von Peter Schwaar

ISBN 978-3-596-19585-5

»Ein Fest für Abenteurer und Buchliebhaber.«
Brigitte

»Zafón ist ein Meister der Evokation. Das macht den Sog seiner Geschichten so unentrinnbar ansteckend.«
The Financial Times

»Der Leser findet hier alles, was ihn am ›Schatten des Windes‹ so zu faszinieren vermochte.«
Stefanie Platthaus, Ruhr Nachrichten

»Ein erzählerischer Sog, dem man sich nicht entziehen kann.«
Heinrich Thies, Hannoversche Allgemeine Zeitung

»Es liegt eine Prise Magischer Realismus über Zafóns Geschichten. Seine Dialoge sind voll kluger Ironie. Aber vor allem: sie machen großen Spaß.«
Miami Herald

»Vielleicht sein witzigster Roman, aber auch sein bisher düsterster, eine stilistische Herausforderung, die er mit Bravour meistert.«
Milwaukee Journal Sentinel

»Ergreifend und voller Spannung. Die Magie des Romans besteht aus dem wunderbar konstruierten guseligen Setting, den liebenswerten Charakteren und den fast perfekten Dialogen.«
Booklist

»Zafón evoziert die Atmosphäre von Dumas, Dickens, Poe und García Márquez und bleibt doch sich selber treu. Zu Recht gebührt ihm ein Platz unter den Meistererzählern.«
Book Reporter

»Die Geschichte bietet Herz, Zärtlichkeit, Grausamkeit, Boshaftigkeit, Opfer und eine tiefempfundene Liebe zu dem, was uns zu Menschen macht.«
New York Journal of Books

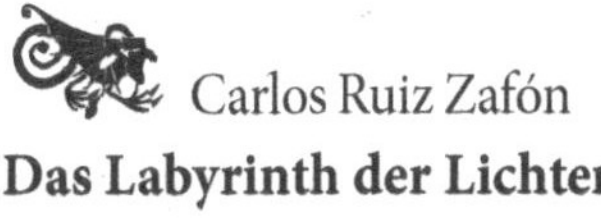 Carlos Ruiz Zafón

Das Labyrinth der Lichter

Roman

Aus dem Spanischen von Peter Schwaar

ISBN 978-3-596-03251-8

»Dieses Buch trotzt sogar Netflix.«
Mikael Krogerus, Tages-Anzeiger

»Endlich. Endlich wieder ein Roman, in dem man sich über Tage verlieren kann, dessen Ende man eher befürchtet als herbeisehnt, ein Schmöker im besten Sinne.«
Karl Schönholtz, Hersfelder Zeitung

»Seine Magie besteht darin, viele Genres miteinander zu verbinden – Fantasy, historischer Roman, Liebes-, Detektiv- und Enthüllungsroman – und sie alle zu einer hochatmosphärischen Prosa zu verschmelzen.«
The Guardian

»Carlos Ruiz Zafón, Meister der kunstvoll verwobenen Familiengeschichten, bringt in ›Das Labyrinth der Lichter‹ seine Barcelona-Saga aus den Jahren des Franco-Regimes grandios zu Ende.«
Kleine Zeitung

»Die Verschrobenheit der Charaktere, die stilsicher inszenierten, oft von Ironie durchtränkten Wortgefechte {...} all das bricht den genretypischen, linearen Erzählfluss immer wieder erfrischend auf.«
Fabian Wegener, Deutsche Presse-Agentur

»Zafóns Erzählkunst ist geschmeidig und voller Tempo, seine flinke Sprache lässt die reiche Kultur und die politischen Intrigen der Franco-Zeit lebendig werden.«
Publishers Weekly

»Zafón beherrscht sein Handwerk vollkommen und schenkt dem Leser mindestens so viel Freude und Spaß, wie er beim Schreiben hatte.«
The Guardian

»Für Barcelona-Fans ein Muss.«
Ute Büsing, RBB